Discard

LOS MEXICANOS

y el voto sin fronteras

RAÚL ROSS PINEDA

RAÚL ROSS PINEDA

LOS MEXICANOS

y el voto sin fronteras

Prólogo de Jesús Martínez Saldaña

Raúl Ross Pineda

Los mexicanos y el voto sin fronteras

Primera edición, UAS,CEMOS, Salsedo Press, marzo 1999

© Raúl Ross Pineda

© Universidad Autónoma de Sinaloa

Culiacán Rosales, Sinaloa, México

© Centro de Estudios del Movimiento Obrero y Socialista

México, DF

© Salsedo Press

Chicago, Illinois, Estados Unidos

Jefe de producción: Lorenzo Terán Olguín
Tipografía y diseño: Dante Gómez
Diseño de portada: Carlos Camacho Lizárraga
Fotografía de la portada: Adán Madrigal

ISBN: 970-660-008-6

Edición con fines académicos, no lucrativos

Impreso en México
Printed in México

Dedicado a:

Gonzalo Badillo, Ezequiel Banda , Leticia Calderón, Elvira Concheiro, Cuauhtémoc Cárdenas Batel, Enrique Figueras, Alex Garza, Dante Gómez, María Jiménez, Jesús Martínez Saldaña, Rogelio Martínez, Miguel Moctezuma, Rafael Ortiz, Luis Pelayo, Arturo Pimentel, Francisco Piña, Al Rojas, Sandra Sánchez, Juan Manuel Sandoval, Arturo Santamaría.

Índice

PRÓLOGO

A l ser integrado el derecho al voto de los emigrados al histórico paquete de reformas electorales, que nuestro Congreso aprobó unánimemente en 1996, el gobierno mexicano finalmente empezó a reconciliarse con los millones de ciudadanos que salen del territorio nacional en busca de una vida digna. Esto ocurrió más de un siglo después de haberse inciado la migración masiva de mexicanos a Estados Unidos.

Para migrantes, como Raúl Ross y yo, el sistema político mexicano ha tardado demasiado en tomar en cuenta los intereses y problemas *sui generis* de las mujeres y los hombres que participan en el proceso de migración internacional.

Y las preguntas surgen: ¿A qué se atribuye la demora histórica? ¿Cómo se explica la aprobación de la reforma en 1996? ¿Qué relación tiene con la lucha por la democracia en México?

***

Hay suficientes razones para creer que la negación de derechos políticos a los ciudadanos en el extranjero, la gran mayoría en Estados Unidos, se atribuyen al carácter autoritario y presidencialista del régimen establecido en el país después de la Revolución de 1910. En 1929 se creó un régimen de partido de Estado por las fuerzas ya establecidas en el poder para retener ese poder, y no para competir con otras fuerzas a través de un proceso electoral abierto ni para redistribuirlo entre las masas que dos décadas antes se habían alzado en armas.

La concentración del poder en una institución del gobierno llevó a la creación de lo que Enrique Krauze ha llamado la presidencia imperial. Y como sugiere Lorenzo Meyer, en el caso mexicano, la prioridad del aparato de seguridad establecido ha sido el gobierno, particularmente el Ejecutivo federal, no la ciudadanía. Cuando los intereses del gobierno y los ciudadanos han entrado en conflicto, suele suceder que los últimos salieron perdiendo y sufriendo las consecuencias. Por nombrar sólo uno de los muchos ejemplos de la capacidad represiva del gobierno posrevolucionario, basta mencionar la masacre de estudiantes en la Plaza de Tlatelolco en 1968.

La ausencia de mecanismos para hacer que las autoridades, específicamente el Presidente, rindieran cuentas a la ciudadanía fue esencial en el funcionamiento del sistema. En un estudio, Craig y Cornelius escriben que el Presidente ha sido "la personificación del gobierno autoritario paternalista en México". La descripción hecha por Purcell sobre el proceso de toma de decisiones y el papel de la Presidencia también resulta revelador:

> In Mexico the decision-making process is formally initiated by the executive. In the first stage, the president commits himself to a particular idea that he may or may not have originated. The actual origin of the idea is not important, however. What matters is the president's commitment to it ... [This] commitment to a particular course of action rarely is the result of direct pressure by concerned groups. The co-optation of group leaders (which reduces the autonomy of inter-

est groups) and the low level of mobilization of the rank-and-file membership makes it difficult for groups to pressure the executive. ... The main device the authoritarian elite uses to demobilize its critics is the incorporation of the malcontents into the decision-making process. Incorporation occurs, however, *after* the initial vague version of the legislation has been approved by Congress or, if no legislation is involved, afer the vague version of the decision has been publicly announced. ... Participation is ... confined to the elaboration of technical details and implies the acceptance by the groups of the President's commitment.

Sin un sistema efectivo de regulación y contrapeso la corrupción floreció, y la enajenación del pueblo creció. De acuerdo con Craig y Cornelius, el legado del autoritarismo en la actitud y el comportamiento del pueblo mexicano es evidente. "Los mexicanos parecen haber valorado la utilidad de participación en instituciones 'democráticas' tan limitadas como las que tienen a su disposición, y han llegado a la conclusión de que sus intereses son mejor servidos por la abstención o por una participación a través de intermediarios." Bajo tales circunstancias —si la sociedad mexicana no era atendida de manera adecuada por las instituciones, incluyendo las electorales, de un régimen no democrático— había pocas razones para creer que los asuntos concernientes a los mexicanos en el extranjero recibirían un trato mejor.

Investigadores como Manuel García y Griego han planteado que de 1974 a 1986 la política mexicana se distinguía por su resistencia a especificar los intereses nacionales en el área de migración, así como su tendencia a reaccionar sólo a lo que se decidía en Washington. García y Griego le llama "política de no tener política migratoria". El autor sugiere que es una decisión de las autoridades que evaluaron los posibles costos y beneficios de negociar acuerdos migratorios con Estados Unidos. Después de considerar las alternativas disponibles, concluyeron que sería mejor no buscar acuerdos migratorios bilaterales debido a lo difícil de la relación bilateral en ese momento y el preocupante curso del debate migratorio en Washington. Además, García y Griego considera que a fines de la década de los ochenta, la "política de no tener una política migratoria" ya no era una opción viable para una nación que continuaba expulsando ciudadanos al norte y, simultáneamente, enfrentaba el reto de la inmigración centroamericana.

Un cambio en las políticas migratorias mexicanas durante el sexenio de Carlos Salinas de Gortari fue evidente. Se crearon nuevos programas para que los consulados mexicanos en Estados Unidos tuvieran mayor presencia en la vida de las comunidades mexicoamericanas, promovían la inversión en regiones de origen de los migrantes y alentaron la formación de clubes de oriundos. Sin embargo, tales iniciativas resultaron sospechosas para muchos sectores, pues se consideraba que sus verdaderos objetivos eran la coptación de los migrantes, socavar el apoyo existente de los migrantes a los partidos mexicanos de oposición y promover el establecimiento en territorio estadunidense de Comités de Apoyo a Compatriotas, organizaciones afiliadas al Partido Revolucionario Institucional.

Surgieron mayores sospechas cuando el gobierno salinista volvió prioridad la aprobación del Tratado de Libre Comercio de América del Norte (TLCAN) y subordinó otras tareas —incluyendo la defensa de los derechos de los migrantes— al proyecto de integración regional. Para lograrlo, se financiaron intensas y costosas campañas de cabildeo para que el acuerdo trilateral fuese aprobado por el Congreso estadunidense. El gobierno mexicano buscó convencer a los migrantes y a la población mexicoamericana para que siguieran el ejemplo de los judíos en su relación con Israel y se convirtieran en un *lobby* a favor de México. Hipócritamente, en sus negociaciones con los presidentes George Bush y Bill Clinton, Salinas de Gortari acordó excluir a los flujos laborales de la agenda *telecista.*

El transplante del autoritarismo, del corporativismo y del PRI a las comunidades mexicanas en Estados Unidos durante el sexenio salinista no son lo que los migrantes esperaban cuando hacían llamados para que el gobierno mexicano redefieniera sus políticas migratorias. Resultaba alarmante, en particular, que la demanda que miles de migrantes hacían para que se considerara su derecho a votar en futuras elecciones presidenciales se encontrara con la oposición de autoridades e intelectuales allegados al poder, quienes además adoptaban posiciones en defensa del *status quo.* Por ejemplo, uno de los argumentos que con mayor frecuencia se usó como respuesta a la demanda por el derecho al voto fue que, de concretarse, resultaría en arrestos masivos de indocumentados el día de la elección. También se dijo que era logísticamente imposible tener elecciones en Estados Unidos y que hacerlo representaría una amenaza a la soberanía mexicana.

Al apoyar en noviembre de 1994 el electorado californiano la famosa Proposición 187, la cual negaba servicios públicos a indocumentados, las mismas personas que habían rechazado el voto extraterritorial se perfilaron como promotores de una iniciativa que terminó como la ley de la no pérdida de la nacionalidad mexicana. Se argumentó que la reforma era necesaria para permitir que grandes números de migrantes mexicanos en Estados Unidos se naturalizaran, y así, mejor defender sus derechos en su nuevo país sin temor a perder sus derechos culturales y económicos en México. Algunos promotores hicieron público su apoyo a la reforma considerando laudable el objetivo de propagar en territorio extranjero los valores de la patria. Sin un análisis serio, las fuerzas a favor de la reforma se volcaron a aceptar la posición gubernamental. Según la lógica de nuestros gobernantes neoliberales educados en universidades extranjeras, era preferible que nuestra nación se deshiciera de millones de mexicanos para que éstos lograran un mayor respeto a sus derechos humanos, laborales y civiles. De ciudadanos mexicanos, los emigrado, pasan a ser folclóricos *dobles nacionales* cuya membresía cultural en la nación mexicana es oficialmente avalada en un certificado otorgado por un gobierno que encabeza un egresado de la *ivy league school.*

Hay otros serios defectos en la ley y en los argumentos de quienes la impulsaron. Por su diseño, la ley de la no pérdida de la nacionalidad no incluye derechos políticos en México y, por tanto, excluye a los migrantes naturalizados estadunidenses de votar y participar en futuras elecciones mexicanas. Peor aún, los supuestos beneficiarios serían los migrantes indocumentados bajo ataque por leyes discriminatorias como la 187, pero en realidad los indocumentados constituyen un grupo social (y legal) que no tiene posibilidades de regularizar su situación migratoria en Estados Unidos, mucho menos de naturalizarse o beneficiarse de la ley de la no pérdida de la nacionalidad mexicana. Entonces, ¿A quién beneficia la ley? Aparentemente a pocos: según la comisión de especialistas que fue designada por el Instituto Federal Electoral para estudiar las modalidades del voto en el extranjero, en agosto de 1998 sólo había 2 mil 572 personas con la popularmente llamada *doble nacionalidad.*

La ley sobre nacionalidad no fue aprobada por el Congreso hasta diciembre de 1996, casi dos años después de haber sido discutida y promovida por funcionarios, y un mes después de haberse realizado la elección presidencial estadunidense. Su aprobación también fue posterior a la rápida e inesperada inclusión del derecho al voto en el extranjero en las reformas acordadas en el verano de 1996. El Congreso mexicano aceptó la ley al encontrarse inmerso en las negociaciones sobre reformas electorales que resultaron ser de gran trascendencia. En este caso, el voto extraterritorial llegó antes de la nueva nacionalidad neoliberal.

***

Las dos leyes pueden resultar significativas, pero su impacto a largo plazo todavía es difícil de precisar debido al problemático contexto político en el que han aparecido.

Las reformas fueron aceptadas cuando la historia nacional se caracterizó por una aparente eterna crisis económica, el deterioro del sistema de partido de estado, la erosión de la legitimidad de la institución presidencial, la supervivencia de muchos elementos de las versiones mexicanas del corporativismo y el autoritarismo, las políticas de liberación económica que agravaron las desigualdades y causaron mayor migración doméstica e internacional, el resurgimiento de movimientos armados como opción para resolver problemas políticos, la acelerada militarización del territorio nacional y los espacios de la vida cotidiana.

Las reformas también fueron aprobadas en parte como respuesta a las tendencias restriccionistas en la política migratoria de Estados Unidos. País que se ha vuelto el principal destino de los mexicanos que emigran y también es la nación con la que México ha tenido una relación asimétrica y frecuentemente difícil. La relación bilateral se ha distinguido por una incapacidad y una escasa voluntad para formular e instrumentar acuerdos bilaterales viables que traten el tema de la migración mexicana. En consecuencia, las políticas suelen aparecer como decisiones unilaterales que son inapropiadas para tratar un tema que es fundamentalmente trasnacional, y que también es el resultado de la compleja interacción de transformaciones macro y microestructurales, así como de procesos históricos. Dicho error, compartido por las autoridades de los dos países, ha contribuido a la creación en Estados Unidos de un escenario político que alienta la proliferación de interpretaciones en las que la migración mexicana se define como un problema y los migrantes mismos son descritos y tratados como amenaza al bienestar y la seguridad nacionales.

A pesar de la problemática situación, hay esperanza de que las dos leyes aprobadas por los legisladores mexicanos puedan contribuir a una modificación en la relación entre México y los ciudadanos que emigran temporal o permanente. Una contribución importante de la ley que reconoce el derecho de los ciudadanos en el extranjero a votar en futuras elecciones presidenciales es que afirma, de manera oficial, la ciudadanía mexicana de los hombres y las mujeres que han salido del territorio nacional para mejorar su vida.

El derecho de los emigrados a una ciudadanía mexicana plena, la cual debería incluir la posibilidad de participar en procesos electorales, no había sido aclarado a lo largo del Siglo XX. La Constitución de 1917 no resuelve el dilema, y el tema queda abierto a la interpretación. Este derecho tampoco era reconocido explícitamente o negado tajantemente por leyes electorales aprobadas en sexenios recientes. Tales leyes reproducían el autoritarismo excluyente del sistema político mexicano del Siglo XX. El autoritarismo convirtió los procesos electorales en meros rituales sin ningún otro verdadero objetivo que el de confirmar la hegemonía de las fuerzas en el poder. No podían ser considerados como ejercicios en la libre expresión de la voluntad popular.

Hasta hace poco, las elecciones no llegaron a representar un modo efectivo para que la ciudadanía influyera directamente en el curso de asuntos locales o nacionales. Fue posible detectar un cambio durante el desenlace de las elecciones realizadas en los estados norteños a mediados de los años ochenta, cuando el Partido Acción Nacional inició una ambiciosa campaña para desplazar al PRI de gobernaturas y alcaldías importantes. La elección presidencial de 1988, con sus dos candidatos de oposición, Manuel Clouthier (del PAN) y Cuauhtémoc Cárdenas (del Frente Democrático Nacional) en contienda con Carlos Salinas de Gortari dejó claro los deseos de muchos sectores de la sociedad mexicana de redefinir el rumbo de la nación y de sus vidas particulares por medio del voto.

La preocupación por el curso de la nación mexicana y el deseo de revalidar los procesos electorales estaban presentes entre los mexicanos establecidos en Estados Unidos. Al mismo tiempo que México atravezaba una transformación histórica, los migrantes en California y otras entidades estadunidenses creaban agrupaciones políticas, organizaban campañas para influir en el resultado de la elección presidencial e intentaban insertar demandas propias en el debate que transcurría en la patria. Al principio de la larga lista de temas prioritarios para los migrantes se encontraban la promoción de la democracia en México, el término a prácticas corruptas de funcionarios que extorsionan a quienes retornan al país, y la demanda del derecho a votar en elecciones presidenciales desde el extranjero. Aparte de estas demandas, en 1988 y 1994 los migrantes en varias ciudades llevaron a cabo elecciones simbólicas para evidenciar aún más el interés popular por su derecho a sufragar. Las elecciones simbólicas también destacaron la creatividad política de los migrantes así como su capacidad para organizar con éxito eventos con una amplia participación comunitaria.

El evento más interesante se llevó a cabo en Chicago el 21 de agosto de 1994. El mismo día de la elección presidencial en México, una coalición rica en entusiasmo y pobre en recursos materiales, conocida como el Consejo Electoral Ciudadano, replicó de manera completa el proceso electoral mexicano, tuvo la capacidad de abrir casillas en 18 lugares de la metrópolis y atrajo la participación de 3 mil 243 votantes, a quienes se les exigió presentar una prueba de ciudadanía mexicana. Sin importar el carácter meramente simbólico del ejercicio, los votantes de Chicago y de otras comunidades estadunidenses mostraron su intención y capacidad para asumir el papel de actores políticos trasnacionales y, de esa manera, cuestionaron la definición de ciudadanía que entonces existía en las leyes electorales mexicanas.

***

La recuperación de la ciudadanía plena de los mexicanos dentro y fuera del territorio nacional es una lucha en transcurso, no un hecho consumado. En el caso de los emigrados, el proceso dio un salto cualitativo en el verano de 1996 al integrarse el derecho al voto al paquete de reformas que el Congreso aprobó para lograr encontrar soluciones institucionales a las distintas crisis que amenazaban con arrastrar al país al remolino de la ingobernabilidad. Por consiguiente, y de alguna manera, los legisladores consideraron el derecho al voto de los emigrados como parte de la solución a los problemas nacionales, así como un elemento de los cambios que se consideraban necesarios para lograr el establecimiento de un sistema político democrático.

La inclusión del voto se puede atribuir en parte al interés sobre el tema que existía en los negociadores del Partido de la Revolución Democrática (PRD). En 1996, el PRD era una de las fuerzas políticas representadas en el Congreso y un partido cuyos principales dirigentes nacionales, Cuauhtémoc Cárdenas y Porfirio Muñoz Ledo, habían expresado apoyo al voto extraterritorial por lo menos desde 1988. Entonces, el movimiento disidente que encabezaron, que después se convertiría en el PRD, empezó a establecer lazos formales con simpatizantes en California y en otros estados de Estados Unidos.

El derecho al voto ha sido fundamental en la agenda de los simpatizantes del PRD en lugares como California, que tiene grandes concentraciones de migrantes mexicanos. A lo largo de los años, los activistas perredistas han insistido en esta demanda en sus encuentros con el liderazgo partidista en México. Como respuesta, el PRD incorporó el tema a la lista de reformas que ha considerado y propuesto. Sin embargo, la aprobación de la ley en 1996 no se puede atribuir sólo al apoyo de un partido de oposición. Para desarrollar un entendimiento más adecuado del debate sobre la ley y su instrumentación es necesario estudiar más a fondo el tema y, así, lograr identificar las razones que llevaron a los otros partidos a aceptar la integración de la ley al paquete de reformas.

Después de presentar este contexto, es importante subrayar dos puntos. En primer lugar, lo verdaderamente sobresaliente no es si el PRD, en su papel de partido político, apoyó e impulsó la reforma para ser fiel a sus principios partidistas o para entrar formalmente en la disputa por el electorado potencial radicado en Estados Unidos. Tampoco se trata de restarle méritos al único partido que ha respaldado de manera consistente el derecho al voto. Más bien, lo que nos parece significativo es que el apoyo del PRD se puede considerar como el producto de una relación entre una fuerza política nacional (en este caso el PRD) y sectores de la población migrante mexicana (los simpatizantes perredistas en Estados Unidos). Así, la aprobación de la reforma se convierte en un ejemplo de las muchas maneras en las cuales los millones de hombres y mujeres migrantes ya participan en la transformación de México.

La reforma que permite el derecho al voto contribuye a la formalización de un aspecto de la relación entre los emigrados y la nación mexicana. Si examináramos la relación histórica con cuidado, seguramente encontraríamos que ha habido una rica tradición de participación formal e informal en la vida política de su nación de origen. Por ejemplo, en un estudio del movimiento agrarista de Los Altos de Jalisco, Ann Craig ha descubierto que "la característica más distintiva compartida por la mayoría de los primeros agraristas es que antes de unirse al movimiento de reforma agraria habían trabajado en Estados Unidos."

Al abrir espacios políticos para permitir la participación electoral a emigrados, la ley del derecho al voto ahora concede una legitimidad antes negada al involucramiento de este sector social en los asuntos y procesos políticos de México. El número de posibles beneficiarios no es insignificante, pues la comisión de especialistas del IFE encontró que el universo sería de 9.904 millones de personas (el 14.12 por ciento de la población nacional en edad de votar), 9.8 millones de ellas radicadas en Estados Unidos.

De igual manera, la ley formaliza y abre las puertas a la presencia extraterritorial de partidos y otras fuerzas políticas mexicanas. Es más, el trabajo extraterritorial ahora puede convertirse en un requisito para cualquier fuerza política que busca influir en la nación. Esto sucedió en la reciente elección para gobernador en

Zacatecas, donde los candidatos del PRI y del PRD extendieron sus respectivas campañas a Los Angeles, principal región receptora de zacatecanos en Estados Unidos. Lo mismo ha ocurrido en las contiendas electorales de otras entidades federativas, recordemos las visitas frecuentes de Carlos Salinas y Cuauhtémoc Cárdenas al vecino país del norte. La ley de 1996 es un verdadero parteaguas y es poco probable que la política mexicana vuelva a ser igual.

En segundo lugar, al ser integrado al paquete de reformas de 1996, el derecho al voto se convirtió en un factor importante de un proceso de transición política nacional que, en el mejor de los escenarios, puede culminar con el establecimiento de un régimen democrático. Con la aceptación del derecho al voto, el Congreso reconoció que la transición a la democracia no puede llevarse a cabo si hay una exclusión formal de los mexicanos fuera del territorio nacional. En consecuencia, la reforma altera el significado de la misma nación mexicana y da substancia a las declaraciones de funcionarios como el presidente Ernesto Zedillo, quien ha afirmado que la nación que gobierna ya no se limita a sus dimensiones territoriales. Al aprobarse la ley del derecho al voto en 1996, los mexicanos empezamos a reconocernos como lo que somos: una nación de emigrantes.

***

Los migrantes que desde hacía tiempo habíamos luchado a favor del derecho al voto respondimos con entusiasmo a la decisión del Congreso en 1996. La euforia inicial tuvo que ser templada poco después, al darnos cuenta que el método por el cual fue aprobado el derecho en sí no había aportado nada a la formación y al desarrollo político de la población migrante. Las decisiones se habían tomado a puerta cerrada por representantes de las fuerzas políticas de oposición y de la presidencia. Aunque la reforma beneficiaba a los emigrados, el proceso para tomar tal decisión contribuyó a desactivar las campañas que hasta entonces habían organizado grupos migrantes, transformándolos de participantes activos a observadores pasivos y excluidos.

La difusión de información oficial a las comunidades migrantes resultó ineficiente; la confusión imperaba por doquier. Los activistas por el derecho al voto llegaron a creer que su larga lucha había triunfado y que lo único que tenían que hacer era esperar la llegada de la elección del 2000. La situación empeoró en diciembre de 1996, cuando el Congreso pasó la ley sobre la no pérdida de la nacionalidad. Esta decisión causó más confusión entre los migrantes, otros sectores en México y Estados Unidos, y los medios de comunicación. Muchísimos funcionarios, incluyendo representantes de la Secretaría de Relaciones Exteriores, se referían a la reforma de diciembre como una ley de *doble ciudadanía*. Para muchos, era imposible distinguir entre las dos leyes, y por lo regular se confundían al considerarla como una sola.

Sin embargo, el error más serio de la reforma al derecho al voto no llamó la atención pública hasta principios de 1998, cuando activistas migrantes interesados en el tema empezaron a investigar lo que se había realizado desde 1996. Descubrieron que existían graves defectos en el diseño que —combinados con una falta de voluntad de agencias gubernamentales para completar responsabilidades asignadas por la reforma misma— amenazaban con hacer de la participación electoral de los emigrados en la contienda presidencial del 2000 una posibilidad que rápidamente se iba esfumando.

Uno de los peores errores de la reforma es que, como resultado de los acuerdos de 1996, el Código Federal de Instituciones y Procedimientos Electorales (Cofipe) condiciona el voto de los mexicanos en el extranjero a la existencia del Registro Nacional Ciudadano y a la creación de una nueva Cédula de Identidad Nacional, mientras que a los ciudadanos que permanecen dentro del territorio nacional en el momento de la elección se les permitirá votar con su credencial de elector actual aunque ni el registro ni la cédula estuvieran disponibles en el 2000.

Un segundo error fue asignar la responsabilidad de ambas tareas a la Secretaría de Gobernación, la cual se ha destacado por resistir y atacar los avances sustantivos en la democratización del sistema político mexicano. En lugar de proceder con diligencia y reponsabilidad en el cumplimiento de tareas como el registro y la cédula, gobernación se ha ocupado en socavar el poder de un Congreso que, desde 1997, tiene mayoría de oposición en la Cámara de Diputados. Durante ese tiempo, gobernación ha procedido con lentitud para la creación del registro y de la cédula, y se resistió a informar sobre sus avances hasta abril de 1998. Desde entonces, el peor de los escenarios amenaza el derecho al voto, pues los funcionarios declararon que ninguno de los dos proyectos estará terminado antes de concluir el milenio. En consecuencia, sin reformas al Cofipe será imposible que los emigrados puedan ejercer el recientemente reconocido derecho al voto.

Otra agencia clave, el Instituto Federal Electoral, tampoco avanzó significativamente en la realización de tareas relevantes, que le fueron asignadas por la reforma de 1996. A pesar de ser la institución encargada de organizar y supervisar los procesos electorales nacionales, para fines de 1997, año y medio después de la aprobación de la reforma, el IFE no había informado de ningún adelanto. Ni siquiera había creado, como señala la ley, una comisión de expertos que analizara el reto de organizar las elecciones fuera de la República y ofreciera propuestas concretas.

Un Congreso mexicano frecuentemente paralizado por disputas internas, enfrentamientos con la presidencia y desconectado de la población migrante tambien optó por ignorar las fallas en la ley y no inició labores para modificarla, aun cuando era evidente que gobernación y otras entidades gubernamentales no cumplían con sus responsabilidades. Por su parte, los partidos políticos no se ocuparon de mantener informados a sus simpatizantes en el extranjero de los adelantos o retrocesos en la instrumentación del voto.

Ante tan desalentadora situación, la aceptación de la reforma de 1996 parecía carecer de sentido y valor, pues los obstáculos legales y políticos permanecían, impidiendo el sufragio de los migrantes en el 2000. La transición a la democracia en México, estancada como estaba por el conflicto chiapaneco y otros problemas, tampoco procedía en la inclusión formal de los emigrados. Inexplicablemente, el presidente Ernesto Zedillo todavía se atrevió a iniciar su cuarto informe de gobierno proclamando:

> México vive ya en la democracia. La democracia en México se vive ya auténtica y activamente en los órganos de representación y decisión, en las plazas públicas, en las organizaciones políticas y sociales, en los medios de comunicación; sobre todo, en la conciencia y actitud de los ciudadanos. Nunca antes la democracia había estado tan presente como ahora en la vida del país.

***

En *Los mexicanos y el voto sin fronteras* encontramos una elocuente, autobiográfica, pícara e inteligente obra que ilumina desde allende la frontera, un aspecto de la historia nacional que sigue siendo descuidada, ignorada y despreciada en nuestro país: la historia política de nuestros migrantes. Con lucidez y originalidad, Raúl Ross Pineda articula las opiniones, intereses y derechos que comparte con millones de nuestros ciudadanos que residen en Estados Unidos. El escritor e incansable activista desenmascara políticas y planteamientos autoritarios que intentan negar a los migrantes su más fundamental de los derechos ciudadanos: el de la membresía plena en la comunidad política nacional. Su vocación propositiva nos ofrece una alternativa de proyecto de nación que nos resulta mucho más generosa, incluyente y democrática que las versiones que nos ofrecen los que ostentan el poder.

El libro está destinado a convertirse en una obra clásica y de lectura obligatoria en el estudio de la migración mexicana y de la transición política en México. Pero su verdadero valor es el de alertarnos que hay millones de otras voces que no escuchamos, vidas que desconocemos y obras que no valoramos. Por ejemplo, ahí está María Jiménez en Houston, Sandra Sánchez en Iowa, Jorge González y Francisco Jiménez en San José, Rufino Domínguez en Livingston...

Dr. Jesús Martínez Saldaña.

INTRODUCCIÓN

L as circunstancias me empujaron a representar, desde 1994, un papel en la lucha a favor del voto de los mexicanos radicados en Estados Unidos en las elecciones de su país de origen. Desde entonces, empecé a escribir algunas ideas y, casi sin darme cuenta, acumulé docenas de cuartillas de escritos sobre este problema. Varios amigos me animaron a publicarlos para que ofreciera mi parte del testimonio colectivo de esa batalla; les tomé la palabra y aquí tienen el resultado; espero no haberme equivocado aceptando su provocación.

Defendamos el derecho al voto es el proyecto inicial que presenté en una reunión en marzo de 1994, para convencer a un grupo de organizaciones que entonces integraban el Frente Mexicano en Chicago, de que promovieran una campaña a favor del voto de los mexicanos en el extranjero. *Elecciones ciudadanas en Chicago* es el documento de discusión que redacté para la reunión en que se constituyó, con el impulso del Frente Mexicano, el Consejo Electoral Ciudadano; en la misma reunión presenté también la *Convocatoria a la ciudadanía mexicana,* llamando a participar en las elecciones ciudadanas que se celebraron el 21 de agosto de ese año. Estos dos últimos documentos fueron ampliamente difundidos en las publicaciones chicagoenses durante los meses que antecedieron a la elección. *Los comicios ciudadanos fueron un éxito* fue una carta al editor publicada en *La Raza* (29-IX-1994) y en *La Adelita* (16-X-1994), con la que intervine en una polémica con el entonces cónsul general de México en Chicago, Oliver Farrés Martins acerca de las elecciones mexicanas tanto en México como en Chicago.

El Foro de Tijuana sobre doble nacionalidad es la crónica de mi viaje a esa ciudad donde participé como ponente; *Doble nacionalidad, ¿para qué?* es la ponencia que ahí presenté (25-IX-1995). *La hija que Bustamante nunca tuvo* son notas que hice durante 1996 para mostrar que el doctor Jorge Bustamante no es —como presume— el padre de la idea de la doble nacionalidad. *Dilemas de la doble nacionalidad* y *Privilegios y limitaciones de la doble nacionalidad*, fueron materiales de divulgación que *¡Exito!* publicó en sus ediciones del 15 de junio de 1996 y el 25 de diciembre de 1997 respectivamente.

El voto de los mexicanos en el extranjero I-IV fue una serie de artículos publicados en *La Jornada* a mediados de febrero de 1998 con el propósito de reabrir la discusión y anteceder a la llegada de una delegación de activistas residentes en Estados Unidos que se dirigía a México para discutir este asunto con el Instituto Federal Electoral (IFE). *El voto de los mexicanos en el extranjero V* fue publicado en *¡Exito!* ese mismo mes. *Doble nacionalidad y media ciudadanía* fue otro material de divulgación publicado en *¡Exito!* (26-III-1998).

Los mexicanos y el voto sin fronteras es la ponencia que presenté en la conferencia *Lessons from Mexico-US Bi-National Civil Society Coalitions*; organizada por la Universidad de California en Santa Clara, del 9 al 11 de julio de 1998 *(La Jornada,* 13-IX-1998). *¿Por qué quieren votar?* es el texto de una entrevista que me hizo la reportera María Antonieta Barragán que aparece en la revista *Expansión* (18-XI-1998). *¿Cumplirán con su palabra Zedillo y los partidos?* es un artículo publicado en *La Jornada* (18-XI-1998) para opinar sobre el informe final de la comisión de especialistas del IFE.

El *Apéndice* es una colección de documentos recientes sobre el tema, generados este año en la sociedad civil, en el Instituto Federal Electoral y la Cámara de Diputados.

He querido dedicar este opúsculo a quienes ayudaron a materializarlo y a mis compañeros de lucha junto a quienes he desarrollado las ideas que aquí expreso.

Chicago, Illinois, enero de 1999.

DEFENDAMOS EL DERECHO AL VOTO

Organizar elecciones ciudadanas en Estados Unidos podría ser la mejor campaña que, en los meses venideros, podríamos realizar a favor del derecho al voto para los mexicanos en el extranjero. Si en éstas se depositaran muchos votos, además de legitimar esta demanda democrática, la popularizaría y llamaría la atención tanto en México como en su vecino país del norte. En cualquier caso, y al margen de la cantidad de votos, podríamos convertir las elecciones ciudadanas en una gran manifestación democrática que demuestre que la composición plural de organismos electorales y la administración imparcial de las elecciones —el cómputo ágil, veraz y transparente de los votos el día de la elección y la vigilancia pública del proceso electoral— sólo dependen de la voluntad democrática de quienes las organizan. Al realizar las elecciones ciudadanas, demostraríamos también la truculencia antidemocrática que hay detrás de los argumentos de supuestos "problemas técnicos" para realizar elecciones en Estados Unidos.

Debemos empezar por promover la integración de un Consejo Electoral Ciudadano (CEC). Este Consejo podría quedar integrado por 10 o 15 ciudadanos mexicanos, de solvencia moral, que representen las diferentes corrientes políticas mexicanas, junto con personas sin filiación política o neutrales. El propósito sería ofrecer a los mexicanos de Chicago y de México un organismo electoral que combinara pluralidad, representatividad política y autoridad moral.

Si estuviéramos de acuerdo con lo anterior, tendríamos que promover inmediatamente la formación de este CEC para que tuviera tiempo suficiente para organizar la convocatoria, el desarrollo y la calificación de una verdadera elección.

Las funciones principales del CEC serían, entre otras, las siguientes:

1. emitir la convocatoria a elecciones dirigida a los ciudadanos mexicanos del área de Chicago;

2. promover en la ciudad de Chicago debates públicos entre los distintos candidatos presidenciales o sus representantes;

3. señalar y difundir la ubicación de los lugares de votación o de las *casillas electorales*;

4. reclutar y capacitar a personas para atender las *casillas electorales* el día de la elección;

5. coordinarse con otros organismos que estén planeando hacer algo similar en otros lugares de Estados Unidos;

6. hacer el cómputo de la votación el mismo día de las elecciones y enviarlo a quienes corresponda en México.

La formación del CEC, las elecciones y sus resultados serían respaldados por miles de firmas que recabaríamos en Chicago en una campaña masiva de apoyo al voto de los mexicanos en el extranjero.

Del Consejo Electoral Ciudadano

1. Con la formación de este Consejo Electoral Ciudadano se busca presentar ante los mexicanos de Chicago un organismo representativo, plural, confiable y con autoridad moral, provisto además de capacidad técnica y organizativa para convocar, desarrollar y calificar un proceso electoral imparcial.

2. El Consejo Electoral Ciudadano contará con millares de firmas de ciudadanos mexicanos que residen en Chicago respaldando su legitimidad ciudadana, reconociéndole autoridad para dirigir el proceso electoral en el área de Chicago y reiterando el reclamo de que sus votos cuenten en las elecciones mexicanas.

3. El Consejo Electoral Ciudadano dirigirá y observará todas las etapas del proceso electoral con apego a la Constitución Política de los Estados Unidos Mexicanos y a la legislación electoral vigente en todo lo aplicable a las condiciones especiales en que estaremos celebrando nuestro proceso electoral.

4. El Consejo Electoral Ciudadano prevé cuatro etapas fundamentales de trabajo:

a) publicación de una convocatoria electoral;

b) promoción de debates públicos entre los candidatos presidenciales o sus representantes personales o partidistas;

c) designación de los lugares donde se llevará a cabo la elección el 21 de agosto, así como acreditación de los miembros de las mesas directivas de casilla (que serán los responsables de recibir los votos) y el reconocimiento de testigos —ciudadanos mexicanos o de cualquier país— que verifiquen el desarrollo y los resultados del proceso electoral, y

d) realización del conteo final de los votos y envío de los resultados a las autoridades electorales mexicanas correspondientes.

Documento de discusión para el Frente Mexicano, Chicago, 20-III-1994.

ELECCIONES CIUDADANAS EN CHICAGO

Los millones de mexicanos que viven en Estados Unidos no pueden votar en el extranjero, como sí lo hacen polacos, sudafricanos, españoles, peruanos, colombianos y otros tantos ciudadanos en las elecciones de sus países de origen. La lucha por el derecho al voto desde el extranjero es una lucha legítima de los mexicanos en Estados Unidos y debe ser considerada como parte indispensable de la necesaria transformación democrática de México. Esta demanda ha venido tomando fuerza en años recientes y cobra actualidad ante la vecindad de las elecciones presidenciales mexicanas.

En la Constitución Política mexicana se consagran los derechos a la ciudadanía y al voto en los siguientes textos:

> Artículo 34: Son ciudadanos de la República los varones y las mujeres, que teniendo la calidad de mexicanos reúnan, además, los siguientes requisitos: haber cumplido 18 años y tener un modo honesto de vivir.
> Artículo 35: Son prerrogativas del ciudadano: 1) Votar en las elecciones populares. 2) Poder ser votado para todos los cargos de elección popular...

Sin embargo, los mexicanos que se encuentran en el extranjero nunca han podido ejercer sus derechos políticos en México. En la

Ley Federal de Organizaciones Políticas y Procesos Electorales, producto de la reforma política emprendida durante el sexenio lopezportillista, se empezaba a reconocer este problema cuando incluía en el Artículo 125 lo siguiente:

> Los ciudanos mexicanos residentes en el extranjero que se encuentren en ejercicio de sus derechos políticos, deberán solicitar su inscripción (en el padrón electoral) en la forma y modalidades que acuerde la Comisión Federal Electoral.

Votar es una obligación y un privilegio de la ciudadanía, y ni en la Constitución ni en ningún otro lugar existe un texto jurídico que explícitamente retire la ciudadanía o el derecho al voto de los mexicanos por motivos de residencia. Sin embargo, éstos nunca han podido votar fuera de México.

El artificio legal más reciente, en el que ahora se apoya la discriminación política de los mexicanos residentes en el extranjero, tuvo su origen en la propuesta de reforma electoral que el entonces presidente Carlos Salinas de Gortari presentó a la Cámara de Diputados en 1990.

Ahí se incluyó el siguiente texto:

> Artículo 9: El ejercicio del Poder Ejecutivo se deposita en un solo individuo que se denomina Presidente de los Estados Unidos Mexicanos, electo cada seis años por mayoría relativa y por voto directo en toda la República.

Cuando este texto se discutió en la Cámara de Diputados, el diputado Jorge Martínez y Almaraz —del Partido de la Revolución Democrática— se manifestó en contra y advirtió que con la frase "*en* toda la República" se buscaba negar los derechos políticos de los mexicanos residentes en el extranjero y se restringía un derecho constitucional. Para defender el texto se habían inscrito dos diputados del Partido Revolucionario Institucional: Manuel González Díaz de León y Francisco Javier Santillán Oceguera y, según consta en el *Diario de Debates* de la Cámara, el primero abandonó la sesión cuando le llegó su turno para hablar y el segundo declinó argumentar a favor del texto presidencial.

Sin argumentos a su favor, el texto en cuestión fue aprobado para, en la práctica, usarlo para pervertir la letra y el espíritu de la Constitución y reducir a los mexicanos residentes en el extranjero a ciudadanos *de segunda* sin la mínima explicación.

Si la frase *"en* toda la República" implicaba la posibilidad de que el gobierno interpretara que el voto sólo podría ser ejercido en territorio mexicano, entonces y de acuerdo al derecho internacional que considera los consulados mexicanos en el extranjero como extensión del territorio mexicano, los mexicanos pueden ejercer su derecho al voto en dichas representaciones del Estado mexicano.

Hace algunas semanas se presentó en el Congreso una iniciativa de ley buscando reglamentar el derecho al voto para los mexicanos que residen en el exterior y corrió la misma suerte que en el pasado: fue ignorada por la mayoría priista de la Cámara de Diputados.

Voceros del gobierno pretextan los costos económicos y dificultades "técnicas" que implicaría organizar la recepción del voto en Estados Unidos. Si se toma en consideración que ciudadanos de otros países más pobres que México pueden votar, y que el gobierno mexicano es el que más consulados tiene en el vecino país del norte (más de 40), los supuestos obstáculos económicos y "técnicos" señalados no dejan de ser increíbles.

Los mexicanos residentes en Estados Unidos demandan el derecho al voto porque quieren ejercerlo, pero pareciera que el gobierno mexicano se beneficiara si en las elecciones se expresaran menos voluntades a través del voto.

En el pasado se les negó el derecho al voto a las mujeres y los jóvenes, y hasta el sexenio anterior la misma prerrogativa les fue negada a los sacerdotes y ministros de cultos religiosos. En México, desde hace demasiado tiempo, tanto la aprobación de leyes como la solución de "problemas técnicos" de carácter político han estado bajo el arbitrio del gobierno y el partido en el poder. Para que los mexicanos residentes en el extranjero puedan disfrutar de sus derechos completos se requiere de la voluntad democrática de quienes lo pueden hacer posible en la ley y en la práctica, pero parece que esa vocación no la puede representar el partido gobernante.

Este año, el recientemente integrado Consejo Electoral Ciudadano se encuentra trabajando en Estados Unidos, sin los recursos que el gobierno tiene a su alcance para superar todos los "problemas técnicos", reales o inventados, y organizar las elecciones presidenciales en Estados Unidos.

Gracias a esta iniciativa ciudadana, los mexicanos en Estados Unidos, en la práctica, podrán tener elecciones y expresar con su voto sus preferencias políticas, aunque el reconocimiento oficial a los resultados continuará en manos del gobierno.

Legitimación ciudadana del CEC

El Consejo Electoral Ciudadano dirigirá todas las etapas del proceso electoral ajustándose a la Constitución Política de los Estados Unidos Mexicanos y a la legislación electoral vigente en todo lo aplicable a las condiciones especiales en que se realice este proceso electoral.

Hay que dejar perfectamente claro ante el público que el Consejo Electoral Ciudadano no es un organismo con personalidad jurídica reconocida por las autoridades electorales mexicanas, por tanto serían cuestionables la validez de sus actividades electorales, como los resultados de una elección no sancionada por la autoridad electoral *competente*.

Eso debe quedar claro, pero los resultados de la elección serán enviados al Instituto Federal Electoral, con sede en la ciudad de México, y nadie sabrá cuál será el trato que se les dé legalmente. Esta falta de reconocimiento jurídico al Consejo Electoral Ciudadano deberá compensarse apelando a la legitimidad ciudadana.

Será necesario que este organismo electoral inicie una campaña para recabar millares de firmas de ciudadanos mexicanos de Chicago reconciéndole autoridad para dirigir el proceso electoral en el área de Chicago y reiterando el reclamo de estas comunidades de inmigrantes, de que sus votos cuenten en las elecciones mexicanas.

Recabar firmas de ciudadanos mexicanos para apoyar al CEC permitirá, además de establecer contacto con ciudadanos, convocarles a participar en las mesas directivas de casilla y a prepararse para votar el 21 de agosto.

Las elecciones mexicanas en Chicago

Con la formación del Consejo Electoral Ciudadano se busca presentar a los mexicanos de Chicago un organismo representativo, plural, confiable y con autoridad moral, además de capacidad técnica y organizativa para convocar, organizar y calificar el proceso electoral.

Organismos electorales de las características anteriores, necesariamente tienen que gozar de una independencia absoluta; sus decisiones deben ser soberanas y deben garantizar, desde su integración y durante su funcionamiento, que ninguna agrupación o corriente política interfiera con sus actividades o trate de orientar sus decisiones.

Los criterios anteriores deberán valer también en la selección de funcionarios de las casillas electorales que se instalarán en toda la ciudad. El CEC deberá hacer un llamado a los ciudadanos mexicanos para que se registren como candidatos para ocupar un lugar en las mesas directivas de casilla y para que se comprometan a recibir capacitación, a organizar la recepción del voto y a participar en el conteo de los votos el día de las elecciones.

La organización de elecciones ciudadanas podría convertirse en una manifestación democrática, que demostraría que la composición plural de organismos electorales y la administración imparcial de las elecciones, el conteo ágil y transparente de los votos el día de la elección y la vigilancia pública del proceso electoral, sólo dependen de la voluntad democrática de quienes estén a cargo del proceso electoral. Con la realización de elecciones ciudadanas evidenciaríamos, también, la truculencia antidemocrática que hay detrás de los supuestos "problemas técnicos" para efectuar elecciones en Estados Unidos.

Documento de discusión del Consejo Electoral Ciudadano, Chicago, III-1994.
Publicado en La Adelita, 1-V-1994; ¡Exito!, 12-V-1994; Extra, 12-V-1994.

CONVOCATORIA

A LA CIUDADANÍA MEXICANA

P ara que participe en la elección del Presidente de los Estados Unidos Mexicanos y ejercite su derecho al voto el día 21 de agosto de 1994.

BASES :

1. Podrán votar en Estados Unidos los ciudadanos mexicanos que se presenten en la casilla electoral con su credencial de elector o puedan identificarse como ciudadanos mexicanos mayores de 18 años. El voto será universal, libre, secreto, directo e intransferible.

2. Los candidatos a la Presidencia de la República que aparecerán en la boleta electoral el día de la elección, serán los que de acuerdo a la Constitución mexicana y a la legislación electoral hayan sido registrados ante el Instituto Federal Electoral.

3. En cada ciudad de Estados Unidos en que radique una población mexicana significativa, se promoverá la integración de un Consejo

Electoral Ciudadano, que tendrá a su cargo la preparación de la elección, la jornada electoral y el cómputo local.

4. Cada Consejo Electoral Ciudadano seleccionará, de entre los ciudadanos con domicilio en su ámbito territorial, a las personas que integrarán las mesas directivas de casilla responsables de recibir la votación el día de la elección.

5. Los Consejos Electorales Ciudadanos harán público, con toda la anticipación posible y por todos los medios a su alcance, la ubicación de las casillas electorales donde los electores podrán depositar su voto el día de las elecciones.

6. Para que los electores puedan formarse una opinión acerca de las propuestas de cada candidato presidencial, los Consejos Electorales Ciudadanos promoverán ante los medios de difusión debates públicos entre los candidatos presidenciales o sus representantes y exhortarán a los medios a que la información que difundan de los candidatos o de sus partidos se haga sin favoritismo y con criterios de equidad.

7. Los Consejos Electorales Ciudadanos proporcionarán todas las facilidades a todo ciudadano mexicano o de otra nacionalidad que tenga el deseo de participar como observador durante la preparación de la elección, la jornada electoral y el conteo local.

8. Los Consejos Electorales Ciudadanos anularán cualquier resultado electoral que cualquier persona pruebe o demuestre razonablemente como fraudulento.

Convocatoria a elecciones ciudadanas emitida por el Consejo Electoral Ciudadano. Cartel publicado en La Adelita, 3-IV-1994.

LOS COMICIOS CIUDADANOS
FUERON UN ÉXITO

L os organizadores de las elecciones ciudadanas para la Presidencia de la República en México, consideramos como éxito total la jornada que concluyó el pasado 21 de agosto, después de que ésta motivó la participación de 3 mil 245 ciudadanos mexicanos residentes en el área de Chicago.

El Consejo Electoral Ciudadano —organizador de los comicios— fue un grupo integrado con criterios de pluralidad política. Entre los participantes, tanto del consejo como de las mesas directivas de las 20 casillas electorales que se instalaron, hubo ciudadanos mexicanos simpatizantes de al menos cuatro partidos: PAN, PRI, PRD y UNO. Sin embargo, el proceso electoral se llevó a cabo sin irregularidades ni tropiezos, porque el único propósito que nos agrupó fue expresar públicamente nuestro reclamo: que se nos permita votar a todos los ciudadanos mexicanos en el extranjero sin discriminación por razones de residencia.

La campaña que el señor Oliver Farrés —cónsul general de México en Chicago en ese entonces— promovió en contra de las elecciones ciudadanas, tuvo como propósito hacerlas fracasar, pero al final quien fracasó fue él. Sospechamos que el éxito del consejo es ahora razón de la molestia del consulado mexicano.

Los amigos de Farrés debieron entender que ese diplomático no podía andar de provocador en los medios de difusión sin esperar que alguien respondiera a sus leperadas. Farrés, durante su corta estancia en Chicago, fue un hombre molesto, de epítetos fáciles y abusivos, sobre todo cuando se escondía tras la impunidad de sus monólogos. Tenía una etiqueta para cada opositor: quienes estuvieron en contra del Tratado de Libre Comercio, eran *fundamentalistas*; los que vieron defectos en las elecciones mexicanas, eran *cardenistas*; los que organizaron las elecciones ciudadanas en Chicago, eran *izquierdosos*. Por cierto que al periodista Ezequiel Banda Sifuentes lo tenía catalogado de *besasotanas*; luego de su participación en las elecciones locales quedó reclasificado por el cónsul en la lista de *izquierdosos*.

A los amigos de Farrés les dolió la carta que a Raúl Dorantes le publicaran en el periódico *La Raza*. En ella, Dorantes no hizo más que demostrar las injustas conclusiones que se pueden derivar de la lógica que Farrés emplea cuando pretende descalificar a quienes realizan actividades que no son de su agrado. Los amigos de Farrés, con la misma lógica, y con acusaciones prestadas del consulado, hicieron de Dorantes un *comunista*.

Al consulado también le molestó que la delegación de chicagoenses que fuera a observar las elecciones en México, regresara con testimonios diferentes a los que Farrés deseaba escuchar. Hilda Dávila, ayudante del cónsul, en obligado ejercicio burocrático, defendió unas elecciones que sólo en su asalariada imaginación ocurrieron con la higiene que les atribuyó. La carta que el senador Jesús García hiciera pública en *La Raza*, además de sus opiniones sobre las elecciones que él sí observó, quedaron como testimonio del manipulador afán falsificador del consulado.

Pues bien, más allá del mero folclor de esa polémica, creo que lo que permanece es la necesidad de que las autoridades mexicanas den respuesta sincera a los mexicanos que seguimos reclamando nuestro derecho al voto donde sea que nos encontremos. Creo que el hecho de que el consejo pudiera —sin recursos económicos— organizar elecciones en el área de Chicago, exhibió la falsedad de los famosos *problemas logísticos* que a los empleados de la Secretaría de Relaciones Exteriores les ordenaron difundir para justificar la discriminación de que somos objeto.

Carta al editor publicada en La Raza, *Chicago, 29-IX-1994.*

El foro de Tijuana sobre la doble nacionalidad

U n día antes de que comenzara el foro de Tijuana, recibí por teléfono una inesperada invitación a participar en él como ponente. Viviendo en Chicago, imagínense el problema para acomodar de un día a otro un viaje no planeado, sin contar la responsabilidad que implica participar en ese tipo de encuentros tan formales. Tenía cosas pendientes en Chicago, pero haciendo mis cuentas decidí zafarme de los compromisos que había hecho con anticipación, y en menos de tres minutos di el sí.

Sí, porque mi línea es no despreciar ninguna oportunidad —pocas, por cierto— de viajar a México, sobre todo cuando los gastos corren por cuenta de otros. Y ése era el caso; me habían dicho que la Cámara de Diputados pagaría mi boleto de avión, alimentación y hospedaje. Además de que mi ponencia seguramente aparecería publicada en letras de molde en un libro, en el que alternaría con intelectuales y políticos famosos.

La oportunidad de participar en el foro me llegó porque, según me dijeron, varios de los invitados originales estaban cancelando a última hora su asistencia, abriendo huecos que alguien tenía que rellenar. Esta situación la resolvió Roberto Curley —uno de los empleados de la Cámara, a cargo del evento—, así yo y otros indeseables nos colamos en esa discusión.

Yo no conocía a Curley, aunque él sí sabía de mí. En sus tiempos de estudiante universitario, que transcurrieron en Chicago, había oído hablar de mis travesuras. Consultó a sus cuates y averiguó que yo había trabajado en la organización de las elecciones simbólicas que habíamos efectuado en Chicago el año anterior, y consideró que yo sería un invitado apropiado.

Cuando Curley me hizo la invitación, también me había dado a entender que el viaje no estaba asegurado, que él todavía tenía que someter mi nombre a sus superiores y que del visto bueno de ellos dependía la confirmación. Al día siguiente cuando revisé los mensajes en la grabadora de mi teléfono, encontré un mensaje con voz femenina que me confirmaba la reservación pagada para salir ese mismo día, a la una y media de la tarde, en un vuelo de Aeroméxico, desde el aeropuerto O'Hare de Chicago hasta Tijuana. Mencionó que el foro sería en el Colegio de la Frontera Norte y que me irían a recoger a la terminal aérea.

Mi optimista intuición ya me había sugerido que el viaje sucedería. Ya tenía mi maleta hecha y tenía a la mano pasaporte y tarjeta verde. De volada me despedí de mi vieja y corrí a tomar el tren para el O'Hare. Eran cuarenta minutos de trayecto más lo que tardara en llegar el tren a la estación; salí con el tiempo apretado pero suficiente para alcanzar el vuelo que me indicaron.

Y ahí estaba, en el aeropuerto, corriendo por los pasillos buscando mi reservación para volar a Tijuana. Anduve pendejeando durante un par de horas hasta que por fin una amable paisana, en el mostrador de Mexicana, me explicó que ¡ninguna pinche aerolínea, ni mexicana ni gringa, volaba de Chicago a Tijuana, y que Aeroméxico ni siquiera tenía oficinas en Chicago! "¡Vieja zonza!", dije para mis adentros entre agüitado y encabronado, pensando en la mujer que me había dejado el recado en la grabadora. Lo pensé otro ratito y que me animo a meter mi tarjeta de crédito para comprar un boleto en American Airlines, que volaba a San Diego. Era lo que me quedaba más cerca de Tijuana. Me animé a pagar los mil y cacho de dólares que me cobraron pensando en que, una vez en el foro, la Cámara me reembolsara la lana. Después de todo, ellos habían metido la pata con la reservación.

El vuelo más próximo que pude conseguir salió como a las siete de la tarde. Con los cambios de horario fui a dar a San Diego casi a la una de la mañana. Preguntando averigüé que a esa hora ya no había transporte público desde el aeropuerto.

Cerca de la estación de los ausentes autobuses, donde yo estaba parado, también estaba un grupo de cuatro muchachos que habían llegado en el mismo vuelo que yo. Ellos eran los que me habían dicho que, además de los taxis, ya no había transporte público. Pronto se apareció una camioneta pick-up que los venía a recoger y los muchachos solidariamente me ofrecieron un aventón hasta una estación del tren que me llevaría a la línea fronteriza.

La estación estaba completamente vacía. No tardó en llegar otra persona a quien desde lejos se le notaba que andaba hasta atrás. Se me acercó y se entretuvo platicándome sus penas familiares, sacándome un Marlboro tras otro. La estación se empezó a poblar de más pasajeros y el tren no llegaba.

Sacados de onda empezamos a preguntarnos unos a otros por qué no aparecía el tan esperado tren, y nadie dio con la respuesta.

De acuerdo con los anuncios que en la estación se exhibían, la frecuencia normal de llegadas del tren era de media hora y el servicio era de veinticuatro horas. Nomás por matar el tiempo, empecé a leer las letras más chiquitas en los anuncios, y que me di cuenta de que los sábados, domingos y días festivos el servicio se suspendía a las doce y media de la mañana.

Quedó revelado el misterio. El día que oficialmente acababa de terminar era el viernes 24 de noviembre, o sea, el segundo día del puente del Día de Acción de Gracias, una de las celebraciones más importantes en Estados Unidos: *El Día del Guajolote*.

Un par de chicanos que iban de reventón a Tijuana propusieron a varios de los varados que llamáramos a un taxi y que nos repartieramos el costo. Todos nos dirigíamos al mismo lugar: la línea fronteriza.

Cruzamos a pie el puente internacional. En el lado mexicano le pido a un taxista que me lleve al centro de Tijuana con la intención de encontrar un hotel en donde pasar el resto de la noche y prepararme para, en la mañana, salir al Colegio de la Frontera Norte, sede del Foro de Tijuana.

Me dejó en la entrada de un hotel en una calle bastante bulliciosa para lo avanzado de la noche. Entré a pedir habitación y me dijeron que no tenían disponibles. Me dirigí hacia otro hotel que estaba en la misma cuadra y la respuesta fue la misma. Pregunté por otro hotel y me indicaron otros dos; fui a ellos y a otro más que estuvo en el camino, pero en ninguno encontré alojamiento. Después de no haber hallado acomodo en el quinto hotel que visité en el área, me quedé parado cerca de la entrada del último, algo preocupado pensando en cómo le iba a hacer para descansar el resto de la noche.

Mientras estaba parado pensando en cómo hacerle, observé que una pareja tras otra entraba en el hotel en el que me acababan de decir que no tenían habitaciones disponibles; y supongo que sí encontraban habitación porque a ellas no las regresaban con la rapidez con que a mi me sucedió. Y pues que se me prende el foco. Me acordé de que el centro de Tijuana era, hasta donde yo sé, el putero más grande de México. ¡No me querían en los hoteles porque como me miraban solo y con mi maleta colgada del hombro, deducían que iba a dormir, y eso no es negocio para ellos! A esas horas, el negocio estaba en alquilar los cuartos por el tiempo necesario para una fornicada contra reloj.

Tomé otro taxi y le pedí que me llevara al *Ramada Inn*, un hotel que no estaba muy cerca pero estaba tan altote que alcanzaba a mirarle el anuncio desde los congales donde me hallaba. El taxista me llevó prácticamente de regreso a la frontera y después de una sinuosa ruta llegó al hotel (no se si era la ruta normal o si me paseó deliberadamente para cobrarme de más). El hotel se miraba excesivamente serio e inmóvil, en contraste con los que recientemente había visitado, pero yo sólo quería dormir.

Pedí una habitación y sí la hubo. Precio: 112 dólares. Jamás en mi vida había tenido que pagar tanto, ni siquiera en Estados Unidos. Pero a esa hora y después de todo no pude ponerme de tacaño... al fin que la Cámara pagaba.

Para entonces ya eran como las cuatro y media de la mañana. Faltaban menos de cinco horas para que empezara el foro sobre la doble nacionalidad. Tenía mucho sueño, no tenía preparada ninguna ponencia y tampoco sabía cómo llegaría al colegio.

Lo primero que hice fue bañarme para espantarme el sueño. A pesar del precio del cuarto, ni siquiera tenía un directorio telefónico y tuve que bajar a la administración para conseguirlo. Necesitaba averiguar dónde estaba el famoso Colegio de la Frontera Norte. Lo encontré en el directorio y descubrí que el Colegio tenía varios domicilios Llamé al primero y me respondió un velador modorro que no sabía nada del foro. Me di cuenta que si llamaba a otros lugares, o no me iban a responder a esa hora o no me iban a poder ayudar, además correría el riesgo de recibir una merecida mentada de madre.

Me acordé de José Luis Pérez Canchola, el jefe de la comisión de derechos humanos de Baja California; él podría orientarme; vivía en Tijuana y pensé que no sería difícil encontrarlo en el directorio. Encontré su número. Yo sabía que Canchola era uno de los personajes más famosos y enterados en esa ciudad, pero obviamente que no era nada recomendable llamarle a esa hora (por aquello de la mentada).

Se dieron las cinco de la mañana y empecé a garabatear algunas notas para orientar mi participación en el foro; trabajé en ellas un rato, pero las que hice no me convencieron y las tuve que echar a la basura. Estaba batallando para articular algo mínimamente coherente. "Oye pinche Raúl —me preguntaba—, ¿crees que vas a poder decir algo que tenga valor en ese foro donde seguramente están participando los más sobresalientes académicos, diplomáticos y políticos sobre el tema de la *doble nacionalidad*?"

Lo cierto era que no tenía nada importante que decir. "¿A qué chingados vine?", me reclamé algo desmoralizado. Sabía que había venido principalmente para aprovechar la oportunidad del viaje, pero la emoción me había hecho desestimar que éste implicaba la responsabilidad de producir una ponencia. "¿Y ahora con qué jalada le voy a salir a Curley?"

Me estaba poniendo nervioso. Me volví hacia las hojas en blanco en donde debería de estar anotada mi presentación, casi inconscientemente anoté algunas frases o pedazos de ideas resignado a que mi intervención sería un vil ridículo. Normalmente me cuesta mucho tiempo ordenar ideas y pulirlas para su presentación en público.

"Yo simplemente soy un inmigrante ... bla bla bla ... ", había empezado a anotar para justificarme.

Y chíngale: que se me prende el foco. Empecé a escribir notas para presentar lo que un inmigrante podía decir sobre ese tema, simulando que yo era uno de ellos. Un momento... ¡Yo sí soy inmigrante! ¡Puedo usar mi propia experiencia como inmigrante! Mis notas empezaron a llenar con más solvencia las hojas blancas. Cuando sentía que estaba a punto de redondear la idea general de mi ponencia, me acordé de que también debía averiguar dónde era el foro y cómo llegaría.

Como a las seis de la mañana, arriesgándome a la temida mentada de madre, me animé a llamar a Pérez Canchola. Tuve suerte, porque ya estaba despierto. Me dijo que él también iba a participar en el mismo encuentro y con mucha amabilidad se ofreció a llevarme al colegio. Problema resuelto. Pasaría por mí al hotel a las ocho y media.

Bajé al restaurante, desayuné rápidamente y seguí tomando notas hasta que ví a Canchola aparecer en la recepción del hotel.

Yo conocía a Canchola, pero creo que él no se acordaba de mí; en realidad, nunca nos habíamos tratado; a pesar de trabajar para el mismo patrón, siempre habíamos estado lejos uno del otro. El trabajaba desde Tijuana y yo desde Tampico. Así es que el viaje fue con una conversación reducida y más o menos formal. Para llegar /

al famoso colegio, condujo por una carretera a la orilla del mar, con muchísimas áreas residenciales playeras y anuncios en inglés. Me dijo, y yo no dudé, que eran para los gringos.

En menos de media hora llegamos al sitio del evento. Apenas entré, me topé con algunos conocidos que también andaban por ahí; les saludé sin entretenerme y me fui a reportar de inmediato con Curley para averiguar los detalles del foro y de mi intervención. Yo había ofrecido participar hasta las dos de la tarde del día, pero resulta que en el programa yo estaba apuntado en un pánel que supuestamente daría comienzo a las tres de la tarde. Le aclaré que no me podría quedar hasta esa hora porque necesitaba regresar a Chicago antes. Por suerte, en ese momento alguien nos interrumpió para reportarle a Curley que uno de los anotados para participar en el primer pánel de la mañana no se presentaría. Y pues Curley pudo, otra vez, resolver dos problemas: adelantó mi presentación al primer pánel resolviendo el conflicto con mi horario, y a los demás organizadores del foro les resolvió la ausencia del otro participante.

Me puse nervioso. Siempre que tengo que hacer algo en público me entra el pánico escénico. Repasaba y repasaba mentalmente las ideas que iba a tratar de exponer, anotando cada nueva línea que se me ocurría, agregándola a un improvisado escrito que, ahora sí, ya parecía ponencia.

El primer pánel comenzó y antes de que me tocara hablar, anduve fuera del salón fumando y tratando de relajarme; en el salón estaba prohibido fumar. Con algunos minutos de anticipación me avisaron de mi turno, que fue el último; entro al salón, lleno, alguien ie consigue una silla y pues que me ensillo en el área del público, ɔ en el de los ponentes, que tenían una mesa muy ceremonial en el ente de la sala.

Cuando tocó mi turno, leí algunas ideas con las que trataba de demostrar que para un inmigrante como yo, no era necesaria la doble nacionalidad para los própositos que entonces se manejaban, y también trataba de demostrar que la lógica argumentativa en que querían sustentar la reforma, era falsa. Después, algunos me dirían que mi intervención había sonado "cándida" y "fresca" y que había roto con el aburrido ritmo de discursos excesivamente técnicos y demagógicos.

Pero, resulta que en cuanto terminé, que salta hecho un energúmeno un tipo que resultó ser ni más ni menos que el doctor Bustamante Fernández, presidente del colegio. Aunque yo no lo conocía físicamente, sí sabía que él era de los investigadores más famosos de México en asuntos de inmigración, pero no sabía que también anduviera metido en lo de la doble nacionalidad. Habíamos sido parte del mismo pánel.

Gesticulando su enojo, con la papada temblándole, y salpicando saliva, el famoso doctor Bustamante se arrimó al micrófono y me acusó de haber presentado una agenda partidista y de que mi ponencia no resistía someterse al humilde criterio de la verdad científica (o algo así, no me aprendí bien su elegante frase), que estaba extrapolando una experiencia individual, empírica, y bla bla bla... Me asustó un poco el que involuntariamente me hubiera metido en problemas con ese doctor tan enojón. Pero pronto pude respirar más tranquilo porque inmediatamente después de que terminó su perorata salió del salón. Me pareció poco caballeroso de su parte que abandonara el ring, después de haberme tirado un *jabcito* y un descontón, y antes de que alguien le pudiera responder lo que se merecía. Me tranquilizó el saber que ya no tenía que pelear con ese señor tan irritado por las cosas que yo tan ingenua e improvisadamente había dicho, y tan sin ganas de molestar a nadie en particular.

Si Bustamante se hubiera esperado un poquito, le habría enfurecido aún más escuchar que quien se levantó a defenderme en el micrófono del que acababa de correr, fue nada menos que su amigo el cónsul general de México en Chicago, Leonardo Ffrench Iduarte. En su intervención convalidó parte de mis afirmaciones, lo cual dejó claro que lo que yo había expuesto no eran simples ocurrencias personales.

La situación me había tomado por sorpresa y la verdad es que yo no sabía exactamente cuál había sido la razón del enojo de Bustamante. También me había sorprendido la intervención de Ffrench. Por cierto que, desde entonces, algunos de mis cuates me empezaron a ver con desconfianza. Ffrench y yo nos habíamos empezado a relacionar sospechosamente bien desde que a principios de 1995 se apareció en Chicago.

Ya luego mi amigo el antropólogo Juan Manuel Sandoval, que también participaba como ponente en el foro, me explicaría que lo que yo había dicho en el pánel, parecía que había sido escrito deliberadamente para refutar punto por punto los argumentos que en otras ocasiones había sostenido el famoso doctor Bustamante. Juan Manuel y otros amigos me dieron más detalles del doctor. Entre otras, por ejemplo, que es priísta, y que asume la paternidad de la idea de la doble nacionalidad.

Bueno, ahí terminó ese asunto. En cuanto comenzó el siguiente pánel me fui a una computadora, que el Curley me asignó, a pasar en limpio mi ponencia, porque efectivamente, como lo había pensado, querían publicarla en un libro-memoria del foro.

Terminé la transcripción y la entregué junto con los recibos originales de mis gastos, que también, efectivamente, me serían reembolsados. No me pude llevar en ese momento el cheque de la Cámara porque resulta que la empleada (que había sido la misma de la reservación) encargada de reembolsar los gastos de los participantes, en lugar de hacer su trabajo en el foro, se había ido tranquilamente a *fayuquear* a San Diego.

Una semana más tarde, ya desde Chicago, llamé a la Cámara para averiguar qué estaba pasando con el reembolso. Pues resulta que la misma ingrata había perdido los comprobantes y la muy sinvergüenza me dijo que si no le mandaba duplicados no me pagaría. Traté de conseguirlos, pero ni la tarjeta de crédito ni la aerolínea me podían dar duplicados de mis talones de gasto, y para obtener el comprobante del *Ramada Inn* seguramente que tendría que viajar otra vez hasta Tijuana. Y pues no me quedó más remedio que acudir a la magia del escáner, la computadora y la impresora láser para producir un pedazo de papel que a los ojos de la *fayuquera*, pareciera el recibo expedido por una aerolínea. Recibí el reembolso del avión pero no lo del hotel.

Posteriormente me enteraría de que la ponencia que luego de tantas peripecias pude llegar a presentar en el foro de Tijuana, fue *rasurada* en la memoria que se publicó. Las ponencias de todos los demás fueron publicadas, menos la mía. No se me hizo aparecer en letras de molde, pero me dije: "De que te quejas, carnal. De todas, sólo tu ponencia ameritó tan especial y significativa distinción" ...ni modo. Lo que sí me dolió fue haber pagado el hotel.

Publicado en Opción 2000, *Chicago, agosto de 1998.*

DOBLE NACIONALIDAD, ¿PARA QUÉ?

B uenos días a todos y gracias a los organizadores por haberme incluido entre los participantes de este diálogo tan necesario para los mexicanos que vivimos del otro lado. Mi nombre es Raúl Ross Pineda; emigré de Guanajuato hace 10 años y desde entonces resido en Chicago. De acuerdo con la Constitución mexicana sigo siendo nacional y ciudadano mexicano puesto que nací en México, además de ser hijo de mexicanos, y como no he adoptado nacionalidad ni ciudadanía distintas, sigo siendo mexicano completo, sino es que doble.

Me cuesta mucho trabajo imaginarme a mí mismo o a quienes comparten una situación semejante a la mía, como una amenaza a la soberanía nacional de mi país. Por más telarañas y todas las decoraciones de *Halloween* que nos quieran poner a los mexicanos que vivimos del otro lado, no puedo asimilar la idea de que seamos considerados como amenaza a la soberanía nacional de México, por el simple hecho de votar, como se ha dicho en el foro...

En 1986 crucé la frontera hacia Estados Unidos como indocumentado; mi primer empleo, ya en el otro lado, lo encontré en un nogalar de Texas, propiedad de un anglosajón, sin lazos sanguíneos o de nacimiento con México. Sin embargo, un segundo nogalar lo tenía en la frontera con Chihuahua, del lado mexicano.

Hace unos tres años conocí a una ciudadana estadunidense de origen europeo, sin lazos sanguíneos ni de nacimiento con México, que como me había echado el ojito, insistía en que la acompañara a vacacionar en su casa de playa en Acapulco. Nunca se le hizo.

En Chicago tengo un amigo queretano que es medio tranza. Hace dos años se compró un documento oficial mexicano que le acreditaba estudios de maestro de enseñanza elemental. Lo cierto es que él sólo había terminado la escuela secundaria, pero con ese documento logró colarse como maestro del sistema de educación pública de Chicago. Luego se hizo ciudadano estadunidense, pero este amigo nunca se deshizo de su documentación de ciudadano mexicano y, desde que lo conozco hasta ahora, ha mantenido propiedades y operado negocios comerciales de su propiedad en su Querétaro de origen, donde sigue documentado como nacional y ciudadano mexicano; en México vota en todas las elecciones que puede.

Por motivos de trabajo, en enero de este año, estuve en Cancún, hospedado en un hotel sobre la playa, que era propiedad de una empresa transnacional, y sé que la mayoría de los hoteleros que se fueron a invertir en el turismo de Cancún son extranjeros. Y también tengo entendido que para estos inversionistas extranjeros fue más fácil ejercer un derecho que la Constitución mexicana reserva sólo a los nacionales mexicanos, pues el propio gobierno creó fideicomisos para los inversionistas extranjeros.

Además, acuérdense que salí de Guanajuato, pues tanto en la bellísima ciudad de Guanajuato como en San Miguel Allende, he conocido a muchas personas de nacionalidad extranjera que tienen propiedades en territorio nacional, sin importar si éste es costa, frontera o está tierra adentro. Pregúntenle sobre esto a alguien de Tequisquiapan, Cuernavaca o de cualquier playa bonita de México. Los anfitriones de esta reunión deberían de haberles preparado a los diputados aquí presentes algún recorrido por las playas bajacalifornianas, para ver si es cierto que sólo los nacionales pueden ser propietarios de las costas. Sospecho que por ahí se pueden encontrar con algunos trácalas.

Entonces, si la propuesta ahora conocida como de *doble nacionalidad* ofrece modificar la Constitución para que los ciudadanos estadunidenses de origen mexicano puedan retener sus derechos a la propiedad en costas y fronteras, yo creo que los legisladores estarán perdiendo su tiempo. Cualquier persona que quiera obtener algún pedacito de nuestras costas y fronteras, con suficiente dinero y un poquito de ingenio lo puede conseguir.

No he planeado todavía solicitar la ciudadanía estadunidense, y en términos de propiedad, la mera verdad es que sí quisiera tener un pedacito de tierra en México, pero yo le ando tirando más a conseguir algo tierra adentro, porque lo cierto es que las playas y fronteras son carísimas aun para alguien como yo que gana su salario y tiene su ahorro en dólares.

Pero suponiendo que juntara el dinero necesario, y suponiendo que yo me hiciera ciudadano estadunidense, y suponiendo que no se aprobara esa idea de la doble nacionalidad, y suponiendo que quisiera comprar un terrenito en la playa o en la frontera. Yo sólo tendría que buscar a mi ex patrón en el nogalar, o a la gringa coqueta, para que me explicaran la fórmula para obtener propiedad costera o fronteriza sin la nacionalidad mexicana. O hacerle como mi amigo el tranza y usar mis bien conservados papeles de mexicano. O simplemente poner la propiedad a nombre de mi mamá o de mi hermana. O pagarle a un prestanombres. O averiguar cómo está ese asunto de los fideicomisos. Definitivamente que para obtener propiedad en México, más que legislación se necesita dinero.

Conseguí mis documentos para residir legalmente en Estados Unidos hace siete años, lo cual dice que desde hace cuatro he tenido derecho a solicitar la ciudadanía estadunidense de acuerdo con las leyes de ese país. Sin embargo, no la he solicitado simplemente porque no la he necesitado. Y si me dicen que ahora ya puedo solicitar la ciudadanía estadunidense porque no voy a perder mis derechos de propiedad en México, pues esto no cambia en nada mi decisión.

Pero sí me hace pensar en quién sería el cuentero que les vino a decir a los diputados que ése era nuestro problema, que ésa es la razón por la cual no nos convertimos en ciudadanos estadunidenses. Además, tampoco entiendo por qué hay en el gobierno gente interesada en estimular a los emigrados para que renuncien a su ciudadanía mexicana.

En Estados Unidos no tengo problemas con mi ciudadanía mexicana; tengo problemas por ser y parecer mexicano. Si cambiara de ciudadanía, no voy a poder cambiar el asoleado color de mi piel, tampoco mi acento mexicano al hablar inglés ni mis antecedentes y costumbres culturales. El racismo y la discriminación nunca han necesitado de documentos ni respetan ciudadanías.

Ahora, ¿qué es lo que deveras necesitamos de nuestro gobierno? De acuerdo a mi experiencia, necesitamos cuando menos lo siguiente:

1. que todos los consulados se dediquen a defender los derechos humanos y legales de los mexicanos en Estados Unidos,

especialmente en las oficinas consulares más alejadas de la frontera. Se debe asignar en esta materia un presupuesto que efectivamente demuestre que tal es la prioridad del Servicio Exterior Mexicano, como lo dicen sus documentos;

2. que las autoridades mexicanas reconozcan el derecho de votar a todos los ciudadanos mexicanos sin discriminación por razones de trabajo o domicilio;

3. un privilegio: que se detengan las extorsiones de que nos hacen víctimas cuando venimos a México, especialmente en las aduanas y en las carreteras. Y reconozco que éste sí es un privilegio, porque en realidad esto le pasa a cualquier mexicano, no sólo a quienes llegamos de Estados Unidos. El programa Bienvenido Paisano es un fracaso y debe revisarse.

¿Por qué no antes, o en lugar de la doble nacionalidad, o junto con la idea de la doble nacionalidad, no hablamos de una ciudadanía mexicana completa? ¿Por qué no reglamentamos para que todos podamos votar?

Los obstáculos técnicos o logísticos que se asocian al empadronamiento y a la recepción del voto en el extranjero, no pueden seguir presentándose como insalvables. Si se cuenta con voluntad democrática, todo este tipo de problemas son superables. Si no se tiene esa voluntad podemos sacarle vuelta argumentando —como uno de los ponentes aquí presentes lo hizo— que no es conveniente que se vote en Estados Unidos porque la *migra* nos va a esperar a la salida de las casillas electorales.

Ahora, si se piensa que los mexicanos en Estados Unidos no tenemos derechos políticos, pues que se diga así de claro, sin andarse por las ramas. Entonces, nos resignaremos a nuestra condición de mexicanos de segunda categoría o pensaremos en otras formas de argumentar. Pero que no se nos trate de dar atole con el dedo diciéndonos: "no pidas votar porque la migra te va a agarrar" o "no puedes votar porque está canijo hacer elecciones en el extranjero". Eso no tiene la seriedad que este tema se merece.

En algunos círculos gubernamentales, la lucha por el derecho al voto de los mexicanos fuera del país, ha venido siendo percibida como simple maniobra de la oposición para avergonzar al gobierno mexicano en el extranjero. No reconoce al voto como una demanda legítima de muchos ciudadanos con o sin preferencias partidistas. No se quiere entender como uno de los componentes necesarios de la reforma política definitiva de que tanto se habla.

En Estados Unidos no es nada del otro mundo ver a los estadunidenses votar desde el extranjero ni ver a extranjeros en Estados Unidos votar para las elecciones en los países de donde son ciudadanos. Países pobres y ricos, chiquitos y grandotes, de uno o de otro continente, reconocen sin problemas el derecho a votar de todos sus ciudadanos en territorio nacional o en el extranjero y ninguno de ellos considera esto como un atentado a sus soberanías.

Antes de terminar quisiera decirles que, justo antes de salir de Chicago para acá, escuché un noticiero que decía que los latinos ahora estaban elevando sus cantidades de ciudadanización estadunidense a 250 por ciento en comparación del año pasado (la mayoría de los latinos en Estados Unidos son mexicanos). Muchos coinciden en que la principal causa de este fenómeno, es la política antiinmigrante de la mayoría republicana en el Congreso estadunidense, más decisiones locales y estatales del tipo de la Proposición 187.

Yo estoy parcialmente de acuerdo con esa explicación, y me interesa resaltar que esto —el aumento de la ciudadanización— está sucediendo antes de la eventual aprobación de la *doble nacionalidad* en el Congreso mexicano.

Traigo a su atención lo anterior porque a lo largo de este año, varios políticos y académicos han estado compitiendo porque se les reconozca paternidad original sobre la idea de la "doble nacionalidad" y exagerando, cuando no fantaseando, sobre las posibles repercusiones de tal propuesta.

Entre ellos más o menos han construido la siguiente lógica:

Premisa 1: Los mexicanos que pueden convertirse en ciudadanos estadunidenses no lo hacen por temor a perder su derecho a la propiedad en México.

Premisa 2: La mejor defensa de los mexicanos contra la actual ola xenofóbica en Estados Unidos es que, los que puedan, aprovechen y se hagan ciudadanos de ese país.

Premisa 3: Estos nuevos ciudadanos, como han sufrido maltratos de los republicanos, se registrarán para votar por los demócratas en las próximas elecciones presidenciales.

Premisa 4: Como las elecciones presidenciales en Estados Unidos se ganan y se pierden con márgenes relativamente pequeños, entonces esos mexicanos recién ciudadanizados estadunidenses, podrían decidir el desenlace de la próxima elección.

Conclusión: En consecuencia, deberá entenderse que, entre otras supuestas virtudes de la doble nacionalidad para los mexicanos, estará la de haber derrotado a los republicanos en Estados Unidos.

Esta colección de falsedades y medias verdades, innecesariamente torpe, bravucona y provocadora, es en la que precisamente se están apoyando algunos republicanos para montar otra campaña antimexicana. Ellos están seguros de que será suya la próxima presidencia, pero no dejan ir oportunidades como la que ahora se les ha ofrecido. Aquí sí que vale aquello de "no me ayudes compadre".

Gracias.

Ponencia presentada en el Primer foro fronterizo de análisis en materia de nacionalidad, *Tijuana, BC, 25-XI-1995.*
Publicado en Opción 2000, *Chicago, septiembre de 1998.*

LA HIJA QUE BUSTAMANTE NUNCA TUVO

E n noviembre de 1995 coincidí en Tijuana con mi amigo Juan Manuel Sandoval en un foro donde se discutió acerca de la doble nacionalidad. En esa ocasión, mi amigo me platicó que el doctor Jorge Bustamante, presidente del Colegio de la Frontera Norte, sede del foro, se atribuía la paternidad original de la idea del tema central. En aquel entonces no tuve razón para ponerlo en duda.

Luego que leí un poco más sobre el asunto de la doble nacionalidad, descubrí que Bustamante no sólo era el experto en asuntos de inmigración mexicana que yo conocía; también me di cuenta de que en el debate acerca de la binacionalidad, él era quien mejor articulaba y expresaba el razonamiento y las intenciones políticas de quienes desde el gobierno se encontraban impulsando la reforma para ponerla en práctica.

Después, en Chicago escuché que también otro señor, el periodista José Chapa, decía haberse carteado con varios presidentes mexicanos, incluyendo a Miguel de la Madrid, abogando por la *doble ciudadanía*, de la cual —según él— fue pionero en una campaña radiofónica iniciada en 1986. Pero Bustamante y Chapa no son los únicos que han reclamado la paternidad de la preciada niña en que, desde 1995, se convirtió la doble nacionalidad.

Ese asunto me picó la curiosidad. En algún momento, tuve oportunidad de ponerme de ocioso y me puse a coleccionar citas de personas que se referían al origen y autoría de la idea de la doble nacionalidad. La idea se me ocurrió cuando tuve a mi disposición *La doble nacionalidad; Memoria del coloquio, Palacio Legislativo, 8-9 de junio, 1995* y *La no pérdida de la nacionalidad mexicana; Memoria de los Foros de Análisis en Materia de Nacionalidad: Zacatecas, Jalisco, Baja California, Oaxaca,* (1996), en los cuales se recogieron las intervenciones de quienes discutieron ese tema en foros convocados por la Cámara de Diputados.

Revisé varios millares de páginas de las memorias mencionadas. A continuación transcibo una muestra de las fichas que coleccioné:

> Desde la década de los setenta, las diversas comunidades de mexicanos y *chicanos* que residen en Estados Unidos se han acercado al gobierno y a los diversos partidos políticos mexicanos a fin de que se reforme la Constitución y la legislación reglamentaria para que dichas personas puedan adquirir la nacionalidad estadunidense sin que necesariamente pierdan la mexicana. (Víctor Carlos García Moreno)

> De unos veinte años a la fecha, un número cada vez mayor de mexicanos residentes en el extranjero han venido planteando como *demanda*, tanto a nuestro gobierno como a los distintos partidos políticos, que se explore la posibilidad de *preservar la nacionalidad mexicana* por quienes decidan optar por la *ciudadanía* de otro Estado, a efecto de estar en condiciones de ejercer a plenitud los derechos políticos que, como *ciudadanos* les podrían ser reconocidos por los Estados en que residen. (Alejandro Carrillo Castro)

> El PRI ha recogido esta demanda después de realizar un número importante de consultas entre los miembros de diversas comunidades

mexicanas que radican en el extranjero, particularmente en Estados Unidos. Por ello es que, recientemente, promovió la aprobación de *un punto de acuerdo* con los tres partidos representados en la Cámara de Diputados. (Alejandro Carrillo Castro)

Considero fundamental el hecho de que el PRI haya lanzado esta idea, este principio, que desde luego lo fortalece ideológicamente, en este naufragio nacional que está padeciendo, y qué bueno que lo hace, pero se corre también el riesgo de partidizar la nacionalidad, sin embargo, al haberse acudido a un acuerdo en la Cámara de Diputados, tenemos hoy este foro de participación pluripartidista. (Jaime Alvarez Soberanis)

Creo que esa inquietud de muchos mexicanos por contribuir a generar las condiciones que faciliten a nuestros compatriotas en el extranjero el procurarse el respeto a sus derechos humanos y políticos, ha encontrado eco en importantes sectores de la vida política del país. El impulso y la difusión explosiva de la propuesta de la doble ciudadanía, ha motivado que un reclamo añejo de las comunidades mexicanas en el extranjero, haya sido retomado por los partidos políticos, entre ellos el Partido Acción Nacional que aquí represento. (José Ramón Medina Padilla)

(La doble nacionalidad) es una forma en que el gobierno de México responde al planteamiento que por muchos años han hecho los mexicanos en Estados Unidos. (José Angel Pescador Osuna)

El tema de la doble ciudadanía propuesto originalmente como el reconocimiento al derecho al voto de los mexicanos en el extranjero, que el diputado Sandoval aquí ha comentado, es parte de la propuesta electoral del Partido de la Revolución Democrática (PRD) desde 1989. (José Ramón Medina Padilla)

Quisiera señalar que ha existido un cierto oportunismo político para asumir la paternidad o paternidades de esta propuesta. Como dijera una compañera legisladora, lo importante es la maternidad y de que el producto nazca bien, sano, sin ataduras, ni mochaduras. Eso es lo importante. (Cuauhtémoc Sandoval Ramírez)

La H. Cámara de Diputados del LVI Legislatura, en respuesta a la demanda planteada por los mexicanos radicados en el exterior para que sean examinadas diferentes alternativas y propuestas que les permitan conservar su nacionalidad habiendo adquirido la ciudadanía en otro país, acordó constituir una Comisión Especial integrada por las diversas fracciones parlamentarias que conforman este H. Cuerpo Legislativo: Partido Acción Nacional, Partido de la Revolución Democrática, Partido Revolucionario Institucional y Partido del Trabajo. (Punto de Acuerdo de la Cámara de Diputados)

Se planteó la necesidad de considerar seriamente una añeja petición de los mexicanos que radican en el extranjero, en el sentido de poder adquirir la nacionalidad del país en que residen sin perder la mexicana, para alcanzar, de esa manera, la igualdad jurídica con los nacionales de ese otro Estado, y proteger adecuadamente sus derechos. (Miguel Angel González Félix)

Tengo más citas en mi colección, pero ninguna de ellas me ha podido orientar en dirección a la paternidad de Bustamante... bueno, no exactamente... sí encontré un par de citas a favor de Bustamante: el problema es que son de la autoría del mismo Bustamante.

En *Excélsior* (27-III-95), en "Cómo Luchar Contra los Wilsons", escribió:

Quiero proponer, a quien me quiera escuchar, que hagamos algo. Mi propuesta consiste en que se introduzca una iniciativa de ley que facilite que los mexicanos que residen de manera permanente en Estados Unidos se hagan ciudadanos de ese país, de tal manera que su número creciente se convierta en una posibilidad real de que aumente el voto contra Wilson en las próximas elecciones. La vía para facilitar tal posibilidad desde México ya la he propuesto antes en este espacio: hacer posible la doble nacionalidad. Permítaseme explicar cómo se podría lograr esto, no sin antes compartir créditos acerca de estas ideas con quien más las he discutido, mi amigo Alejandro Carrillo.

Más adelante agregó:

Alejandro Carrillo y yo le hemos dado muchas vueltas a esta idea desde hace varios años, aunque ambos la expusimos de manera independiente cuando lo hicimos por primera vez. Igual me sucedió con el doctor Roger Díaz de Cossio, quien fue el primer funcionario de la Secretaría de Relaciones Exteriores a quien yo le oí proponer públicamente la idea de la "doble nacionalidad" con el propósito político al que se refieren estas líneas. Se trata, pues, de una coincidencia de ideas que además compartimos con muchos otros mexicanos de varios partidos. En la versión que yo he propuesto varias veces en este mismo espacio *desde hace cerca de diez años*, he insistido en que, la propuesta legislativa de reforma a la Constitución, para los efectos aquí mencionados, no se hable expresamente de *doble nacionalidad*, sino de una nacionalidad mexicana por nacimiento, que sería irrenunciable, con salvedades por lo que respecta a la ciudadanía y a los derechos que de ella emanan.

(Subrayado mío)

Y en junio del mismo año afirmó en el coloquio sobre doble nacionalidad realizado en el DF, lo siguiente:

> La primera vez que yo lo propuse, (la irrenunciabilidad de la nacionalidad mexicana) *hace como ocho años* era como si hubiera hablado mal de la Virgen de Guadalupe, la reacción fue inmensa. Por fortuna esto se ha venido modificando desde hace como cuatro o cinco años.

(Subrayado mío)

La verdad es que luego de ver que ni siquiera el propio Bustamante se pone de acuerdo consigo mismo, me dio flojera seguir haciéndole al antropólogo en este asunto. Pero si alguien estuviera seriamente interesado en averiguar el origen de estas ideas sobre el voto y la doble nacionalidad, lo mejor sería empezar por consultar el trabajo del sociólogo sinaloense Arturo Santamaría Gómez quien, rastreando el mismo asunto, ha podido ubicar el testimonio escrito más antiguo en el año de 1929, en el periódico *La Opinión*, de Los Angeles, California. Si ésa fuera definitivamente la pista más antigua, entonces el mérito de la paternidad de las ideas aquí discutidas, correspondería al movimiento vasconcelista en Estados Unidos.

Ni modo, Bustamante ...a la próxima será.

Publicado en Opción 2000, *diciembre 1999.*

DILEMAS DE LA DOBLE NACIONALIDAD

En México se discute la posibilidad de enmendar la Constitución para que la nacionalidad mexicana sea irrenunciable. La Carta Magna establece diferencia entre nacionalidad y ciudadanía mexicana: mientras a la primera se le atribuyen privilegios de propiedad en franjas costeras y fronterizas, a la segunda se le adjudican básicamente los derechos y deberes políticos. Asimismo, la Constitución prescribe que si un mexicano adopta una ciudadanía diferente a la mexicana, éste pierde de inmediato su nacionalidad y su ciudadanía mexicanas.

La fórmula ahora propuesta, permitiría que un mexicano adopte la ciudadanía estadunidense sin perder su nacionalidad original. No se trata aquí de doble nacionalidad (aunque así se esté manejando), tampoco de doble ciudadanía ni del derecho al voto desde el extranjero. Todos los partidos están de acuerdo en aprobar la irrenunciabilidad de la nacionalidad, pero el PRI se opone a la doble ciudadanía y el PRD es el único que apoya el derecho al voto.

¿Panacea o cortina de humo?

Alejandro Carrillo Castro, secretario de Relaciones Internacionales del PRI, vino a Chicago hace unas semanas, como lo hizo en febrero, para explicar desde su punto de vista las motivaciones de la propuesta. En reunión con agrupaciones locales —en referencia a la Proposición 187 y al Contrato con América— afirmó que "la mejor defensa que los mexicanos tienen en Estados Unidos son los beneficios de la ciudadanía estadunidense", pero que había "descubierto que la razón de los mexicanos para no hacerse ciudadanos estadunidenses es porque perderían la posibilidad de ser propietarios en México", y así la fórmula de la doble nacionalidad resultó ser la solución.

El gobierno mexicano ha estado induciendo subrepticiamente a los mexicanos de este país para que se hagan ciudadanos estadunidenses, pero hasta ahora no había podido explicar esta actitud. La campaña republicana en contra de los no ciudadanos en Estados Unidos, le presenta ahora la oportunidad de explicarlo y, además, reclamar mérito.

Lo cierto es que aun antes de la inminente reforma constitucional, los mexicanos que se pueden hacer ciudadanos estadunidenses ya lo han estado haciendo en cantidades que casi duplican los números acostumbrados antes de la orgía republicana, racista y xenófoba de los cien días. Así, el aumento en la ciudadanización difícilmente podrá ser acreditada a la fórmula de la nacionalidad mexicana-ciudadanía estadunidense.

Fideicomisos y prestanombres

Y en cuanto a "la posibilidad de ser propietarios en México", que Carrillo Castro señala, ésta ni siquiera es privilegio exclusivo de quienes ostenten la nacionalidad mexicana. Quien resida o haya visitado las fronteras y costas de México, sabe que lo que dice al respecto la Constitución mexicana tiene sólo un valor declarativo; le han sacado vuelta con los fideicomisos, y ahí se puede ilustrar claramente el origen del oficio de los *prestanombres*.

A favor de la doble nacionalidad es más creíble su posible función terapéutica para curar los sentimientos nacionalistas de la mayoría de los inmigrantes mexicanos. Es cierto que algunos conacionales sienten incurrir en traición a la patria si adoptaran la ciudadanía estadunidense. Sentimientos no sólo arraigados en su imaginación, sino reafirmados en una Constitución que les retira su nacionalidad cuando lo hacen, y un gobierno mexicano que les retira el derecho a votar aunque no lo hagan. Por eso:

> La doble nacionalidad sin derechos políticos, es una respuesta limitada, que mantendrá a millones de mexicanos sin poder ejercer su derecho al voto ni en Estados Unidos ni en México.

Esto lo dijo Cuauhtémoc Sandoval Ramírez, dirigente del PRD y secretario de la Comisión de Relaciones Exteriores de la Cámara de Diputados, quien también visitara Chicago el mes pasado. Sandoval agregó que:

> Facilitarles el derecho al voto en las elecciones mexicanas es lo menos que México puede hacer para reconocerles su inmensa contribución a la economía nacional, su indudable lealtad a la patria, y reparar parcialmente el abandono histórico en que hemos mantenido a nuestros compatriotas en Estados Unidos.

Demanda legítima

La demanda del derecho al voto mostró popularidad en Chicago en agosto de 1994, cuando a las elecciones simbólicas organizadas por el Consejo Electoral Ciudadano, concurrieron 3 mil 245 mexicanos, que depositaron votos a favor de todos los partidos que en México compitieron por la Presidencia de la República. Este ejercicio cívico ocurrió simultáneamente en California y Texas en Estados Unidos.

La mayoría de las organizaciones que asistieron a la mencionada reunión con Carrillo Castro —aunque no todas—, son agrupaciones más o menos cercanas al gobierno mexicano. Pero para sorpresa y frustración del priísta, su vehemente presentación sobre la doble nacionalidad, fue proseguida por intervenciones de un público que aceptó el tema solamente como pretexto para discutir con él el asunto del derecho al voto, insinuándole que para los mexicanos en Chicago, el derecho al voto es más importante que la posibilidad de ser propietarios en las fronteras o costas mexicanas.

Publicado en ¡Exito!, Chicago, 15-VI-1996.

PRIVILEGIOS Y LIMITACIONES
DE LA DOBLE NACIONALIDAD

L os mexicanos que se naturalicen estadunidenses, lo podrán hacer reteniendo su nacionalidad mexicana. En este mes concluyó la reforma a la legislación sobre nacionalidad, luego de un debate que duró cerca de tres años.

En México, a diferencia de otros países, nacionalidad y ciudadanía no son lo mismo. De acuerdo con la Constitución mexicana, a la ciudadanía corresponden los derechos completos, mientras que la nacionalidad garantiza principalmente derechos económicos y sociales, sin incluir derechos políticos.

Con la popularmente conocida como *ley de doble nacionalidad*, México reconocerá a los ciudadanos estadunidenses, que originalmente hayan sido mexicanos de nacimiento, principalmente el derecho a adquirir propiedades localizadas en las costas y fronteras de México, el derecho a ocupar empleos y a emprender otras actividades remuneradas. Los mexicanos siempre han tenido estos derechos, pero se supone que los extranjeros tienen restricciones.

Los legisladores de todos los partidos políticos representados en el Congreso mexicano, creían que con la *doble nacionalidad*, los mexicanos tendrían mejores oportunidades para defenderse en Estados Unidos de los ataques en antiinmigrantes. En la lógica de los legisladores, la *doble nacionalidad* estimularía a los mexicanos a buscar la ciudadanía estadunidense, para así protegerse de esos ataques, y obtener los beneficios y derechos plenos de todo ciudadano en Estados Unidos. Los niveles de naturalización han aumentado ya, pero esto de ninguna manera se debe a la mencionada reforma legislativa.

En realidad, la *doble nacionalidad* resolverá para algunos un problema más de orden espiritual que material. El proverbial nacionalismo mexicano es casi equiparable al fervor religioso. Por eso, en el plano de lo simbólico, la reforma es positiva aunque sólo sea porque reconoce que la nación mexicana se extiende más allá de las fronteras de México y que los nacionales mexicanos siguen siendo hijos de la patria que los vio nacer, aunque por razones prácticas hayan adoptado otra.

Habrá quienes pongan en duda si estos derechos pueden considerarse como privilegios, porque la verdad es que el gobierno mexicano trata con más atenciones a los ciudadanos estadunidenses que a los mexicanos. El otro defecto es que los mexicanos emigran a Estados Unidos precisamente en busca de las oportunidades económicas que no pudieron encontrar en México.

La *doble nacionalidad* no otorga derechos políticos en México a los mexicanos que se naturalicen estadunidenses; es decir, seguirán sin derecho a votar en las elecciones mexicanas y sin derecho a postularse a puestos de elección. Lo del voto de los ciudadanos mexicanos en el extranjero aún sigue pendiente de reglamentarse.

Pero es altamente probable que los destinatarios de este derecho no serán los que tienen *doble nacionalidad*, sino que quedará reservado sólo para aquellos ciudadanos mexicanos que residan en el extranjero, pero que no tengan otra ciudadanía.

La *doble nacionalidad* ofrece poco a los mexicanos en Estados Unidos, pero ahora cada quien deberá decidir si quiere mantener sus derechos completos como mexicano o solicitar la ciudadanía del país en donde vive. Es una decisión personal.

Publicado en ¡Exito!, *Chicago, 25-XII-199*

EL VOTO DE LOS MEXICANOS EN EL EXTRANJERO / 1

Una delegación de mexicanos residentes en Estados Unidos se reunirá el próximo 20 de febrero con el consejero presidente del Instituto Federal Electoral (IFE), José Woldenberg, para intercambiar ideas acerca de la reglamentación del voto de los mexicanos en el extranjero de cara a las elecciones presidenciales del año 2000.

La delegación está integrada por una treintena de dirigentes comunitarios mexicanos, trabajadores académicos y de medios de difusión procedentes de California, Tejas, Illinois e Iowa; la mayoría de ellos, vinculados a campañas en favor del voto de los conacionales en el extranjero.

El voto desde fuera del país es una antigua exigencia de los mexicanos que residen en Estados Unidos. Esta demanda se remonta hasta los años 20, aunque fue a partir de la campaña electoral presidencial mexicana de 1988, cuando empieza a tener eco en los medios de difusión mexicanos.

El voto para los mexicanos en el extranjero es una demanda muy sentida en Estados Unidos, y allá la apoyan simpatizantes de todos los partidos políticos mexicanos. Nunca fue, como se pretendió presentar, una "estrategia de la oposición" para avergonzar al gobierno mexicano en Estados Unidos.

La popularidad de la demanda y la pluralidad de los demandantes quedaron demostradas en las elecciones paralelas que grupos de ciudadanos realizaron simultáneamente a las elecciones presidenciales mexicanas de 1994. No obstante lo simbólico y los reducidos recursos con que se contaron, estos comicios atrajeron a miles de participantes que emitieron sus votos entre los partidos registrados.

Algo que fue percibido como una especie de subproducto de la campaña por el voto, fue la reforma constitucional para la no pérdida de la nacionalidad mexicana, como oficialmente se le designa, o *doble nacionalidad*, como popularmente se le conoce. Lo cierto es que la doble nacionalidad y el voto en el extranjero, son asuntos totalmente diferentes con beneficiarios potenciales distintos. Habría que aclarar que mientras la primera fue una iniciativa impulsada desde el Estado, la segunda es una demanda de la sociedad civil.

Conviene mantener muy claro lo anterior, porque parte de las suspicacias que existen contra el voto en el extranjero se deben a la confusión que existe entre *nacionalidad* y *ciudadanía* mexicanas. Explicar la distinción que la Constitución mexicana hace de ambas nociones podría ser material para un tratado completo, pero si fuera útil la más breve, ésta sería: a la *nacionalidad* corresponden los derechos económicos y sociales, por ejemplo, al empleo y a la propiedad en costas y fronteras; mientras que a la *ciudadanía* corresponden los derechos políticos, por ejemplo, a votar y ser votado.

Los mexicanos en el extranjero no están reclamando derechos a la propiedad ni al empleo porque la falta de ellos es el motivo original de su emigración. Que ahora se les reconozcan tales derechos, así sea en la Constitución, no creará en México ni los empleos ni recursos necesarios para que puedan comprarse propiedades en playas o fronteras.

La doble nacionalidad es, en el fondo, un *coqueteo* del gobierno mexicano con dedicatoria especial a los ciudadanos estadunidenses de origen mexicano, con la esperanza de que algun día regresen a México a gastar sus ahorrros. Oficialmente se esgrimen otros argumentos, pero éstos son meramente utilitarios.

A diferencia del concepto de doble nacionalidad, que atribuye derechos a los mexicanos de nacimiento que se naturalizan en el extranjero, el derecho al voto desde otro país sólo alcanzaría probablemente a los ciudadanos mexicanos que, aunque residan fuera de México, no han adoptado ciudadanía distinta a la original.

Con ese voto no se pondría en riesgo la soberanía nacional como algunos quieren hacer creer. Quienes están peleando por el derecho a votar, no están proponiendo que voten en México los mexicanos que hayan adoptado una ciudadanía extranjera. Existe acuerdo en que se mantenga intacta la pureza de la patria.

Con la modificación del Artículo 36 constitucional, referente al voto, el mensaje para los mexicanos en el extranjero fue que este asunto había quedado resuelto y que ya sólo restaba prepararse para votar en el 2000. Pues bien, ello no quedó claro para todos. Esa es una de las muchas razones por las cuales la delegación fue al Instituto Federal Electoral.

Publicado en La Jornada *13-II-1998*

EL VOTO DE LOS MEXICANOS EN EL EXTRANJERO / II

Las reformas políticas que ocurrieron en México en 1996 dejaron la impresión de que el derecho al voto de los ciudadanos mexicanos en el extranjero había quedado resuelto. Parece que ése era el sentir de la anterior Legislatura, y legisladores de diversos partidos así lo reiteraron en visitas a Estados Unidos.

El Partido Revolucionario Institucional, que era el más rejego en este asunto, publicó en *El PRI y el mundo* (15-IV-96), de su Secretaría de Asuntos Internacionales, la siguiente nota:

> El 2 de abril (de 1996), los dirigentes del PRI, el PRD y el PT, se reunieron en la Secretaría de Gobernación para discutir diversos temas relacionados con la inminente reforma electoral.

Continúa:

> Uno de los principales acuerdos alcanzados fue elevar a rango constitucional el derecho de los mexicanos que residen en el extranjero a participar, en el lugar donde viven, en las elecciones presidenciales, lo que después del correspondiente proceso legislativo, podría ocurrir por primera vez en el año 2000."

Pues bien, quienes piensen que ese asunto quedó resuelto, estarían y no en lo correcto. A continuación presento una breve crónica del caso.

En diciembre de 1977, durante el lopezportillismo, se aprobó la reforma política codificada en la entonces conocida como Ley Federal de Organizaciones Políticas y Procesos Electorales. Esta decía, en su Artículo 125, lo siguiente:

> Los ciudadanos mexicanos residentes en el extranjero que se encuentren en ejercicio de sus derechos políticos, deberán solicitar su inscripción en la forma y modalidades que acuerde la Comisión Federal Electoral.

Y lo mismo se leía en el Artículo 131 de su reglamento. Sin embargo, la antigua CFE nunca dijo cuáles serían esas "modalidades", y dicha "inscripción" nunca ocurrió. En reformas electorales posteriores, tanto el texto como la intención del mencionado Artículo 125, simplemente desaparecieron.

Cuando en años más recientes se hizo masivo en Estados Unidos el reclamo de votar desde el extranjero, el tecnicismo más socorrido para oponerse a él, fue que dicho voto no era posible porque el texto del Artículo 36 de la Constitución, referente a las "obligaciones del ciudadano de la República", establecía en su fracción III, que una de ellas era: "Votar en las elecciones populares en el distrito electoral que le corresponda".

La interpretación que de esta fracción se hacía, era que el voto sólo se podía ejercer en el distrito electoral que le correspondiese; por lo tanto, como México nunca ha tenido distrito electoral alguno fuera del país, simplemente no existía la posibilidad de que los mexicanos pudiesen votar desde el extranjero.

Lo falaz de esa interpretación es que en las elecciones federales mexicanas cualquier ciudadano puede sufragar fuera "del distrito electoral que le corresponda", tal es el caso de los votos para diputados plurinominales y para Presidente de la República. Algo similar ocurre en cualquier comicio estatal para diputados plurinominales y gobernador.

Pero para aquéllos que se oponían al voto desde el extranjero, les resultaba más barato echarle la culpa a la Constitución que expresar sus propios temores acerca del voto de los mexicanos fuera del país.

A pesar de lo engañosa, ésta fue la interpretación que prevaleció; y entonces, técnicamente, la lucha por el derecho al voto de los ciudadanos mexicanos en el extranjero tenía que pasar primero por la modificación de la fracción III del Artículo 36 constitucional. Pero esa modificación ocurrió. Es a la que se refiere la nota del PRI, anteriormente citada, y la reforma fue publicada en el *Diario Oficial de la Federación* el 22 de agosto de 1996. A partir de entonces, la fracción III del Artículo 36 constitucional se lee así:

> Son obligaciones del ciudadano de la República: (...) Votar en las elecciones populares en los términos que señale la ley."

Ya nadie puede insistir en que se haga en "el distrito electoral que le corresponda". Pero entonces, si ése había sido el obstáculo para que los ciudadanos mexicanos pudieran votar desde el extranjero, se entendería que el problema quedaba resuelto. Pues bien, no todos piensan así. Las interpretaciones continúan.

Publicado en La Jornada, *14-II-1998.*

EL VOTO DE LOS MEXICANOS
EN EL EXTRANJERO / III

. . . .

Suponiendo que el Artículo 36 constitucional era el obstáculo real para que todos los ciudadanos pudieran tener derecho al voto, pero considerando que la reforma política de 1996 resolvió ese problema; ahora ¿cómo se justificaría que una parte de los mexicanos no ejercieran su derecho constitucional a votar? No hay justificación posible. Pero ingenio antidemocrático no falta.

Sin ir más lejos, el semanario *¡Exito!* (19-IX-96), de Chicago, publicó una entrevista con la senadora priísta por el Distrito Federal, María de los Angeles Moreno. En ella se señala:

— *Se habla de que el ciudadano mexicano en el extranjero tendrá el derecho a votar. ¿Cómo se va a implementar esta medida?*

— La discusión sobre el cómo, está por darse. Ahorita el cambio en la ley tiene una diferencia muy sutil. El artículo anterior lo que dice es "Todo ciudadano mexicano tiene derecho a votar en su distrito electoral correspondiente". Y el nuevo artículo dice: "Todo ciudadano mexicano podrá votar en los términos que determine la ley". Nada más. No dice: "los mexicanos en el extranjero van a votar..."

— *Pero, ¿podrán votar?*

— Lo único que se modificó fue ese artículo que abre la posibilidad de que no se vote en el distrito donde uno resida. No necesariamente

> significa que vayan a tener el derecho al voto... (Aunque) la intención de la reforma fue ésa.

Otra pista está en la página del Instituto Federal Electoral (IFE) en el Internet; la sexta de sus *25 preguntas*, actualmente dice:

> ¿Se permite votar a los ciudadanos que residen o se encuentren temporalmente en el extranjero? Hasta ahora sólo pueden ejercer su derecho al sufragio los ciudadanos mexicanos que (...) se encuentran dentro del territorio nacional el día de las elecciones. Por regla general, el ciudadano debe acudir personalmente a la casilla de votación que le corresponda, de acuerdo con la ubicación de su domicilio.

Otros funcionarios públicos plantean que antes de reglamentar se necesita interpretar cuál era exactamente la intención de la reforma al Artículo 36 constitucional. Otra posición, si bien admite que el voto en el extranjero debe reglamentarse, sostiene que será "prácticamente imposible" estrenarlo en la elección presidencial del año 2000.

Como reflejo de la modificación del artículo 36 constitucional, el Código Federal de Instituciones y Procedimientos Electorales también fue reformado. Y como consta en el *Diario Oficial de la Federación* (22-XI-96), ahora existe un artículo octavo transitorio que en su tercer párrafo dice:

> Con el propósito de estudiar las modalidades para que los ciudadanos mexicanos residentes en el extranjero puedan ejercer el derecho al sufragio en las elecciones de Presidente de los Estados Unidos Mexicanos, el Consejo General del Instituto Federal Electoral designará una comisión de especialistas en diversas disciplinas relacionadas con la materia electoral, para que realice los estudios conducentes, procediéndose a proponer, en su caso, a las instancias competentes, las reformas legales correspondientes, una vez que se encuentre integrado y en operación el Registro Nacional Ciudadano y se hayan expedido las cédulas de identidad ciudadana.

Este texto precisa que la intención es que "los ciudadanos residentes en el extranjero puedan ejercer el derecho al sufragio en las elecciones de Presidente de los Estados Unidos Mexicanos". Pero de acuerdo a la experiencia mexicana, esto no es suficiente para conjurar el riesgo de que en el 2000 se le quiera sacar la vuelta a la idea constitucional de que todos los ciudadanos mexicanos puedan votar.

Otra pista: la próxima elección presidencial será el primer domingo de julio del 2000, y el registro de nuevos electores se suspende luego del 15 de enero del año de la elección. Y hay que restar el tiempo que sería necesario para hacer un listado nominal electoral y expedir credenciales de elector en Estados Unidos. También hay que considerar que si el IFE recomendara modificar el Cofipe, la reforma tendría que pasar primero por la Legislatura.

Los tiempos son cruciales, pero hasta ahora el Congreso no ha vuelto a abordar el asunto del voto en el extranjero, y el IFE, a quince meses de que el Congreso le ordenó hacer la reglamentación, ni siquiera ha integrado la *comisión de especialistas* que se encargará de ello.

Si no se forma de inmediato esa comisión y se le pone a trabajar horas extra, el IFE no propondrá a tiempo la reglamentación del voto en el extranjero. Así, el Congreso se podría lavar las manos culpando a la omisión del IFE. Y éste, a su vez, podría justificarse en la falta de tiempo. De esta manera, las instituciones tendrán una coartada en caso de que su intención fuera que no todos los ciudadanos mexicanos tengan derecho a votar en el 2000.

Publicado en La Jornada, *15-II-1998.*

Hasta la fecha, el Instituto Federal Electoral (IFE) no ha integrado la *comisión de especialistas* a la que se refiere el artículo octavo transitorio del Código Federal de Instituciones y Procedimientos Electorales (Cofipe), que supuestamente elaborará una propuesta de reglamentación al voto de los ciudadanos mexicanos radicados en el extranjero. Si esta omisión no ha sido una maniobra intencional, sí ha sido una grave irresponsabilidad.

Esta es una de las preocupaciones de la delegación de mexicanos residentes en Estados Unidos que se reunieron el 20 de febrero de 1998 con José Woldenberg. La delegación solicitó que integrara la *comisión de especialistas*, y propuso nombres de especialistas de Estados Unidos, que es desde donde votaría la inmensa mayoría de los ciudadanos mexicanos en el extranjero.

La delegación piensa que además de demógrafos, peritos en técnica legislativa y portavoces del IFE, la comisión debe incluir especialistas que sean personas interesadas en el voto de los mexicanos en el extranjero, y que estén más empeñadas en encontrar soluciones que en buscar problemas técnicos e interpretativos.

Nadie niega que la reglamentación del voto en el extranjero es un asunto complicado; ésta es otra de las razones por las cuales nadie se ha querido involucrar en el tema. Pero precisamente por eso, es urgente empezar a ordenar ideas y a recibir propuestas de la ciudadanía. Pero hay que hacerlo con la convicción de que es para votar en el 2000.

Hay personas que creen que las elecciones deberían ser organizadas por los consulados. Esto sería un grave error. Primero, los consulados no tienen la capacidad ni la disposición de hacerlo. Segundo, sería retroceder en términos del control ciudadano de los procesos electorales.

Hay gente que piensa que los partidos deben ser los organizadores de las elecciones en Estados Unidos. Esto también sería retroceder en la ciudadanización de los procesos electorales mexicanos.

¿Cómo se deben organizar las elecciones en Estados Unidos? Lo recomendable sería crear un organismo semejante al IFE en cuanto a su composición; es decir, integrado por ciudadanos en los que puedan depositar su confianza la sociedad y los partidos políticos.

Dentro de la estructura electoral de México, este nuevo organismo quedaría bajo la jurisdicción del IFE, y sus responsabilidades serían semejantes a las que el Cofipe le atribuye a las Juntas Locales Ejecutivas, que son las delegaciones del IFE que funcionan en cada estado de la república.

Esa especie de Junta Ejecutiva de Estados Unidos sería la encargada de organizar el proceso electoral en ese país. Se apoyaría en Consejos Distritales de acuerdo a criterios geográficos y de densidad poblacional. Su función sería semejante a la que el Cofipe señala para los consejos que operan en cada uno de los distritos electorales federales de México.

Los Consejos Distritales, bajo la supervisión de la junta, integrarían las Mesas Directivas de Casilla para recibir los votos el día de la elección, lo cual puede llevarse a cabo en todas las oficinas de los consulados que México tiene en Estados Unidos, aunque no tiene por qué limitarse sólo a estos sitios.

Para integrar el padrón electoral en Estados Unidos se propone que el Registro Federal de Electores (RFE) forme delegaciones imitando la estructura electoral aquí descrita y a la vez que se aproveche la infraestructura consular de México en Estados Unidos. Pero tanto la integración del padrón electoral como la expedición de credenciales de elector debe mantenerse como responsabilidad de las delegaciones del RFE y no trasladarlas a los funcionarios consulares.

Si el IFE tiene buena disposición, debe integrar de inmediato la comisión de especialistas, incluyendo especialistas radicados en Estados Unidos que fueran aceptables para todos los partidos. La comisión convocaría a consultas o foros públicos para recoger propuestas para reglamentar el voto en el extranjero. El IFE debe presentar al Congreso una propuesta de reglamentación a más tardar el próximo periodo de sesiones. El tiempo que reste entre 1998 y todo 1999 se dedicaría a montar la estructura operativa para recibir el voto de los mexicanos en el extranjero. Y la elección presidencial del primer domingo de julio del año 2000, sería más democrática que la de 1994, porque habría levantado el embargo a los derechos políticos de una parte importante de los ciudadanos mexicanos.

Publicado en La Jornada, *17-II-1998.*

El voto de los mexicanos
en el extranjero / V

U na delegación de mexicanos residentes en Estados Unidos se entrevistó, 19 y 20 de febrero, con autoridades electorales de México en las instalaciones del Instituto Federal Electoral (IFE) para discutir el voto de los ciudadanos mexicanos en el extranjero.

Los partidos políticos acordaron en 1996 que los mexicanos que viven en el extranjero sí tendrían derecho a votar en las elecciones mexicanas. Pero la reglamentación del cómo se ejercerá el voto está tan empantanada que se corre el riesgo de que las elecciones presidenciales mexicanas del año 2000 se hagan —otra vez— sin incluir el voto de los mexicanos en el extranjero.

El Congreso modificó el Artículo 36 de la Constitución mexicana y el Código Federal de Instituciones y Procedimientos Electorales (Cofipe) para abrir la posibilidad de que se votara desde fuera del territorio mexicano, pero no decidió cómo se haría. Con estas reformas, la responsabilidad de elaborar y proponer la reglamentación de ese voto pasó al IFE. En la reforma al Cofipe, además, ese voto quedó condicionado a la existencia de un *Registro Nacional Ciudadano* (Renaci), que expedirá una nueva cédula de identidad con la que se pretende remplazar la actual credencial de elector como identificación para votar.

El Congreso enmendó la Constitución y la legislación electoral, y todavía ningún partido se ha echado para atrás públicamente en lo acordado en 1996. Durante la visita de la delegación procedente de Estados Unidos al IFE, la autoridad electoral se comprometió a formar pronto la comisión de especialistas que elaborará el proyecto de reglamentación del voto en el extranjero. Pero ahora el problema es que la Secretaría de Gobernación no ha terminado su Renaci, y la apuesta es que no podrá terminarlo a tiempo para que los mexicanos puedan votar desde el extranjero en las elecciones del año 2000.

El Renaci es responsabilidad de la Secretaría de Gobernación. O sea que, en términos prácticos, el voto de los mexicanos en el extranjero está ahora condicionado a lo que la Secretaría de Gobernación haga o deje de hacer al respecto.

Esto es un retroceso en la ciudadanización de los procesos electorales. El Poder Legislativo cometió un error al abrirle la puerta a la Secretaría de Gobernación para intervenir nuevamente en materia electoral. La Secretaría de Gobernación no está interesada en el voto de los mexicanos en el extranjero y, si este asunto se deja a su arbitrio, es previsible que ese voto se posponga hasta el año 2006.

El Congreso mexicano debiera admitir que se equivocó y entender a tiempo que su voluntad de que los mexicanos que residen en el extranjero puedan votar en las elecciones presidenciales del 2000 podría ser frustrada desde el Poder Ejecutivo.

Si el Congreso mexicano quiere que los ciudadanos mexicanos en el extranjero obtengan su derecho al voto para el 2000, debe corregir de inmediato la legislación electoral, al margen de que el Renaci se termine o no, con o sin la voluntad del Poder Ejecutivo.

¿Cómo? El Poder Legislativo puede retirar del Cofipe el artículo octavo transitorio, formar una comisión especial para estudiar a la brevedad posible la mecánica del voto de los mexicanos en el extranjero, y reformar el Cofipe para incluir su reglamentación.

La delegación se quedó pensando en demandar ante el Tribunal Federal Electoral el respeto a sus derechos electorales y en organizar movilizaciones tanto en Estados Unidos como en México, si en las próximas semanas no recibe señales positivas.

Publicado en ¡Exito!, *Chicago, 26-II-1998.*

DOBLE NACIONALIDAD
Y MEDIA CIUDADANÍA

. . . .

E l voto para los mexicanos en el extranjero ha sido una demanda apoyada en Estados Unidos por simpatizantes de los partidos políticos mexicanos. La popularidad de este reclamo quedó demostrada con las elecciones simbólicas que varios grupos organizaron en éste y otros países simultáneamente a las elecciones presidenciales mexicanas de 1994. A pesar de lo simbólico, esos comicios atrajeron la participación de miles de mexicanos que repartieron sus votos entre los candidatos presidenciales.

Muchas personas relacionaron con el voto la reforma constitucional de 1996 para la no pérdida de la nacionalidad mexicana, como oficialmente se le designa, o doble nacionalidad como popularmente se le conoce. Sin embargo, la doble nacionalidad y el voto en el extranjero son dos asuntos desconectados y que tendrían beneficiarios distintos.

Malos entendidos y enredos

Es fundamental tener en claro lo anterior porque ha sido precisamente esa confusión la causa de malos entendidos y de versiones falsas tanto acerca del voto en el extranjero como de la doble nacionalidad. Antes que nada, hay que aclarar que de acuerdo a las leyes el ser mexicano se divide en dos categorías. Una es la nacionalidad y otra es la ciudadanía. No se puede ser ciudadano mexicano sin ser nacional de ese país, pero se puede ser nacional mexicano sin ser ciudadano. Esa diferencia es la fuente principal de los enredos.

No es fácil explicar la distinción que la Constitución mexicana hace de la nacionalidad y la ciudadanía, pero en pocas palabras se podría decir que a la nacionalidad se le atribuyen los derechos económicos y sociales, como el empleo y la propiedad en costas y fronteras, mientras que a la ciudadanía, los derechos políticos, como votar y proponerse a un puesto de elección popular.

Entonces, lo que la ley de *doble nacionalidad* afectará serán los derechos sociales y económicos, no los derechos políticos; es decir, no se incluye el voto en el extranjero.

¿En qué consistió la reforma de la *doble nacionalidad* que entró en vigencia el 21 de marzo de 1998? Antes de la reforma todo mexicano que adoptaba una ciudadanía distinta, automáticamente perdía su nacionalidad mexicana. Lo que cambia a partir del 21 de marzo es que un mexicano de nacimiento aunque adopte una ciudadanía diferente, ya no perderá su nacionalidad mexicana.

Otra aclaración es necesaria sobre los beneficiarios: ¿quiénes son? Los beneficiarios de la doble nacionalidad no son todos los mexicanos que viven en el extranjero. Serán sólo los mexicanos de nacimiento que hayan adoptado una ciudadanía distinta; o sea que en Estados Unidos no se incluirán a los indocumentados ni a los residentes permanentes. Los beneficiarios potenciales serían alrededor de un millón de personas, casi todos residentes en Estados Unidos.

EL VOTO EN EL EXTRANJERO

Por otro lado, el voto de los mexicanos en el extranjero todavía no se ha resuelto. La Constitución se modificó con la reforma política mexicana de 1996, para que los mexicanos no tengan que votar necesariamente en un distrito electoral ubicado en territorio mexicano. Así se abrió la puerta para que en la legislación electoral pudiera reglamentarse la manera de cómo se podría votar —en elecciones presidenciales— desde el extranjero.

Pero el problema es que ese voto aún no se ha reglamentado y en términos prácticos esto significa que los mexicanos en el extranjero todavía no tienen derecho a votar. Y cuando exista ese derecho, sus beneficiarios en Estados Unidos probablemente no serán los ciudadanos estadunidenses de origen mexicano ni aunque ostenten la doble nacionalidad. Los beneficiarios serían únicamente sólo los residentes permanentes y los indocumentados, que sólo tienen la ciudadanía mexicana. Según varios estudios, estos mexicanos podrían ser entre cinco y seis millones y medio. Aunque a esa cantidad habría que restarle todas aquellas personas que aún no alcanzan la mayoría de edad, lo cual es un requisito para poder ejercer el voto.

LEGISLACIÓN A MEDIAS

La legislación sobre el voto en el extranjero aún está a medias. De acuerdo con el Código Federal de Instituciones y Procedimientos Electorales (Cofipe) vigente, hacen falta dos factores importantes.

El primero es que el Instituto Federal Electoral (IFE) forme una comisión de especialistas que estudie la logística para votar desde fuera de México para luego elaborar una propuesta de reglamentación, que posteriormente tendría que ser aprobada por el Congreso de la Unión.

Y la segunda es que en México se haga el Registro Nacional Ciudadano (Renaci), que sería una especie de inventario de todos los mexicanos y, después de que se termine, a cada mexicano se le entregaría una credencial que sería la que en el futuro se usaría para identificarse para votar el día de las elecciones.

La parte del trabajo que le corresponde al IFE es muy probable que pueda terminarse durante 1998. Pero lo del Renaci, que es responsabilidad de la Secretaría de Gobernación, ni siquiera tiene el presupuesto suficiente para ser elaborado antes del año 2000, cuando serán las próximas elecciones presidenciales mexicanas.

Para que el voto en el extranjero se pueda materializar en el 2000, es importante considerar el factor del tiempo. Las próximas elecciones presidenciales están programadas para el primer domingo del mes de julio de ese año. El registro de nuevos electores se suspende la primera quincena de enero de 1999, lo cual indica que sólo nos restan unos días de 1998 y otros de 1999 para que se estudie el problema y para que tanto la Cámara de Diputados como la de Senadores aprueben las reformas necesarias a las leyes. Durante ese periodo, habría que hacer todos los preparativos para otorgar el voto en el extranjero.

Es decir, si en México no se toman decisiones inmediatas e importantes, el voto de los mexicanos en el extranjero no sucederá en el 2000 y podría posponerse hasta el 2006.

Esto significa que la *doble nacionalidad*, o la no pérdida de la nacionalidad para algunos, no podrá ser la manera de ocultar la ciudadanía a medias en que se encuentran los inmigrantes mexicanos en Estados Unidos.

Publicado en ¡Exito!, *Chicago, 26-III-1998.*

LOS MEXICANOS Y EL VOTO SIN FRONTERAS

E l Tratado de Guadalupe Hidalgo de 1848 selló la anexión del norte mexicano a Estados Unidos. A partir de entonces, el gobierno de México reconoció no sólo la nueva frontera, sino que también aceptó su divorcio de la población mexicana que quedaba en territorio estadunidense.

Para los mexicanos a quienes movieron la frontera en 1848, y para los migrantes documentados e indocumentados que hasta nuestros días siguen cruzándola hacia el norte, el tratado les ha significado entre otras cosas, quedarse en una especie de orfandad nacional. (viven en la casa de un papá regañón —Estados Unidos— abandonados por su mamá —México— que ni los ve ni los oye). En ninguno de los dos países en que quedaron divididos se les ha reconocido la categoría de igualdad en sus respectivas sociedades: son ignorados en una, despreciados en la otra, y en ambas, víctimas de estereotipos y prejuicios.

Hasta hace poco tiempo —parafraseando a Jesús Martínez Saldaña— podríamos decir que la política de las instituciones mexicanas hacia los mexicanos en Estados Unidos fue la política de no tener política. Durante más de un siglo, el gobierno mexicano ignoró los problemas de los mexicanos en Estados Unidos.

Varios especialistas en asuntos mexicoestadunidenses —entre ellos Juan Manuel Sandoval— señalan que esa línea de "no política" empieza a modificarse un poco a finales de los años sesenta. En ese entonces los líderes del Movimiento Chicano buscaron contacto con funcionarios del gobierno mexicano para que respaldaran su causa en Estados Unidos, mas no lo lograron.

A mediados de los años ochenta, durante el sexenio de Miguel de Lamadrid, el gobierno mexicano inicia el Programa de Apoyo a las Comunidades Mexicanas en el Exterior (PACME). Este programa articula varias líneas de intervención gubernamental en áreas no directamente politizadas, como las deportivas, artísticas, educativas, etcétera, con las cuales tratan de acercarse a la comunidad mexicana en Estados Unidos, y especialmente a los clubes de oriundos. Estos clubes son formas naturales de organización mutualista que en Estados Unidos adoptan numerosos grupos de inmigrantes provenientes de un mismo municipio. De estos clubes es donde principalmente surge el apoyo material a sus comunidades de origen.

El PACME sobrevivió durante todo el sexenio de Carlos Salinas de Gortari, programa que fue complementado con Solidaridad Internacional, versión del Pronasol para Estados Unidos. Con PACME y Solidaridad Internacional, el gobierno mexicano, vía los consulados, se asoció a los clubes de oriundos para mantener e incrementar sus aportaciones a las obras públicas de sus lugares de origen, pero también para coptarlos, corporativizar su organización y sobre todo lucrar políticamente con el trabajo de esas organizaciones.

Durante las décadas más recientes, los contactos entre los mexicanos de allá con los de acá se han multiplicado, con actores muy diversos (organizaciones sindicales, ambientalistas, empresariales, partidistas, gubernamentales, etcétera) involucrándose en relaciones cada vez más complejas y difíciles de rastrear. Creo que los dos momentos políticos clave en que esas relaciones fueron la campaña electoral cardenista de 1988 y el debate iniciado en 1992 durante la negociación y firma del Tratado de Libre Comercio de América del Norte, en 1993.

En 1995 se inició el debate y las reformas legislativas sobre la doble nacionalidad que culminó con la entrada en vigor, en marzo de 1998, de la Ley de la No Pérdida de la Nacionalidad Mexicana, o de la *doble nacionalidad*. En 1996 se modificaron la Constitución y la legislación electoral para abrir la posibilidad del voto de los mexicanos en el extranjero. Tanto el asunto de la doble nacionalidad como el del voto en el extranjero, tienen por destinatarios principales a los mexicanos que viven en Estados Unidos y representan el clímax de la relación política entre los mexicanos de ambos lados de la frontera. El que el Ejecutivo y los legisladores hayan decidido manosear la Constitución mexicana, para introducir la figura de la *doble nacionalidad* y la posibilidad del voto, manifestó cambios profundos en la percepción que el gobierno mexicano tenía de los mexicanos en Estados Unidos.

Lo del voto y la doble nacionalidad

El derecho al voto de los mexicanos que residen en Estados Unidos no es una demanda nueva. El sociólogo Arturo Santamaría Gómez, en una investigación que está haciendo sobre el tema, encontró el rastro más antiguo de esa demanda en el movimiento vasconcelista de finales de los años veinte. Esa demanda tampoco es ninguna excentricidad impracticable; actualmente, más de 40 países cuentan con legislación para permitir que sus nacionales puedan ejercer su derecho a votar aunque se encuentren fuera de su país.

La demanda es ya septuagenaria, pero curiosamente, fue sólo a partir de la campaña electoral presidencial mexicana de 1988 cuando la petición del derecho a votar desde el extranjero vuelve a cobrar fuerza y comienza a tener eco en los medios de difusión mexicanos. Lo curioso está en que ésa es la campaña presidencial en la que aparece el movimiento cardenista. Y aunque esa elección también fue famosa por la "caída del sistema", pareciera que desde entonces los mexicanos tanto de uno como del otro lado de la frontera coinciden en una revaloración de la utilidad del voto, que antes prácticamente no se contaba.

LA PARTE LEGAL DEL CASO

En años más recientes, cuando se masificó el reclamo de votar en el extranjero en Estados Unidos, el tecnicismo más frecuentado para oponerse a él, fue que dicho voto no era posible porque el texto del Artículo 36 de la Constitución —referente a las "obligaciones del ciudadano de la República"— establecía en su fracción III que se tenía que "votar en las elecciones populares en el distrito electoral que le corresponda".

La mejor prueba de lo falaz de esa interpretación es que en elecciones federales mexicanas cualquier ciudadano puede sufragar fuera "del distrito electoral que le corresponda", tal es el caso de los votos para diputados plurinominales y para Presidente de la República. Algo similar ocurre también en cualquier comicio estatal para diputados plurinominales y gobernador. Además, las llamadas *casillas especiales* fueron creadas en la legislación electoral, precisamente para recoger el voto de los electores que el día de la votación se encontraran fuera de su distrito electoral.

Pero para quienes por razones de aritmética electoral se oponían al voto desde el extranjero, les resultaba más barato echarle la culpa a la Constitución que expresar sus propios temores acerca del voto de los mexicanos fuera del país.

A pesar de lo engañosa, ésta fue la interpretación que prevaleció; y entonces, técnicamente, la lucha por el derecho al voto de los ciudadanos mexicanos en el extranjero, tenía que pasar primero por la modificación de la fracción III del Artículo 36 constitucional.

Pues se enmendó y la reforma se publicó en el *Diario Oficial de la Federación* el 22 de agosto de 1996. A partir de entonces, la fracción III del Artículo 36 constitucional señala que:

> Son obligaciones del ciudadano de la República: (...) Votar en las elecciones populares en los términos que señale la ley.

Ya nadie puede insistir que se vote en "el distrito electoral que le corresponde". Entonces, suponiendo que el Artículo 36 era el obstáculo real para que todos los ciudadanos —al margen de su domicilio— pudieran tener derecho al voto, pero considerando que la reforma política de 1996 resolvió ese problema, se entendería que el problema había quedado resuelto. Pues bien, no es tan sencillo.

Algo que fue percibido como una especie de subproducto de la campaña por el voto, fue la reforma constitucional para la no perdida de la nacionalidad mexicana. Pero la doble nacionalidad y el voto en el extranjero, son asuntos totalmente diferentes, con beneficiarios potenciales distintos. Además mientras la primera fue iniciativa del Estado, la segunda es de la sociedad civil.

Esto debe quedar muy claro, porque parte de las suspicacias que existen contra el voto en el extranjero se deben a la confusión que existe entre la nacionalidad y la ciudadanía mexicanas. Explicar la distinción que la Constitución mexicana hace de ambas nociones podría ser material para un tratado completo, pero si fuera útil la más breve, esta sería: a la *nacionalidad* corresponden los derechos económicos y sociales, por ejemplo, al empleo y a la propiedad en costas y fronteras; mientras que a la *ciudadanía* corresponden los derechos políticos, como a votar y a ser candidato a ocupar un puesto de elección popular.

Los mexicanos en el extranjero no están reclamando derechos a la propiedad ni al empleo porque precisamente la falta de ellos fue el motivo original de su emigración. Que ahora se les reconozcan tales derechos, así sea en la Constitución, no creará en México ni los empleos ni los recursos necesarios para que puedan comprar propiedades en la costa o frontera.

Según los legisladores de la *doble nacionalidad*, ésta serviría para ayudar indirectamente a que los mexicanos en Estados Unidos pudieran protegerse de leyes como la Proposición 187 en California. En la lógica de sus proponentes la *doble nacionalidad* contribuiría a que los mexicanos en Estados Unidos optaran por la ciudadanía estadunidense, para votar en contra y ponerse a salvo de legislaciones antiinmigrantes. La intención es claramente positiva, el único problema es que los inmigrantes indocumentados, que son las principales víctimas de las leyes antiinmigrantes, no pueden solicitar la ciudadanía estadunidense, y por lo tanto no pueden ampararse con la *doble nacionalidad*.

La doble nacionalidad es, en el fondo, un coqueteo del gobierno mexicano con dedicatoria especial para los ciudadanos estadunidenses de origen mexicano, con la esperanza de que algún día regresen a México a gastar sus ahorrros en dólares. Oficialmente se esgrimen otros argumentos pero estos son meramente sentimentales, utilitarios.

A diferencia del concepto de doble nacionalidad, que atribuye derechos a los mexicanos de nacimiento que se naturalizan en el extranjero, el derecho al voto desde otro país sólo alcanzaría a los ciudadanos mexicanos que, aunque residan fuera de México, no han adoptado ciudadanía distinta a la original. Las reformas políticas que ocurrieron en México en 1996, especialmente con la modificación del Artículo 36 de la Constitución, referente al voto, dejaron la impresión de que el derecho al voto para los ciudadanos mexicanos en el extranjero había quedado resuelto. Parece que ese era el sentir de la Legislatura anterior, y legisladores de diversos partidos así lo reiteraron en visitas a Estados Unidos. El mensaje para los mexicanos en el extranjero fue que este asunto había quedado resuelto y que sólo restaba prepararse para votar en el 2000; pero no fue así. Nadie le dio importancia a la falta de reglamentación secundaria.

Como reflejo de la modificación al Artículo 36 constitucional, el Código Federal de Instituciones y Procedimientos Electorales (Cofipe) también fue reformado. Y como consta en el *Diario Oficial de la Federación* (22-XI-96), ahora existe el artículo octavo transitorio que en su tercer párrafo dice:

> Con el propósito de estudiar las modalidades para que los ciudadanos mexicanos residentes en el extranjero puedan ejercer el derecho al sufragio en las elecciones de Presidente de los Estados Unidos Mexicanos, el Consejo General del Instituto Federal Electoral designará una comisión de especialistas en diversas disciplinas relacionadas con la materia electoral, para que realice los estudios conducentes, procediéndose a proponer, en su caso, a las instancias

competentes, las reformas legales correspondientes, una vez que se encuentre integrado y en operación el Registro Nacional Ciudadano y se hayan expedido las cédulas de identidad ciudadana.

Pues resulta que terminó 1996 y transcurrió 1997, y ni el Instituto Federal Electoral (IFE) ni los partidos políticos ni los legisladores, hicieron nada al respecto. Este ataque de amnesia colectivo puso seriamente en peligro el voto desde el extranjero para el año 2000.

La delegación

A finales del año pasado, vía correo electrónico, un grupo de antiguos activistas a favor del voto en el extranjero retomaron la discusión en Estados Unidos. Se dieron cuenta que el voto en el 2000 aún no está garantizado y que, por el contrario, corre el peligro de disiparse. Acordaron integrar una delegación de mexicanos residentes en Estados Unidos, para ir a la ciudad de México a entrevistarse con las autoridades electorales.

La delegación, integrada por una treintena de personas procedentes de California, Illinois, Iowa y Tejas, estuvo en México del 19 al 21 de febrero. La delegación se reunió en el Instituto Federal Electoral, con legisladores del Partido de la Revolución Democrática (PRD) y del Partido Revolucionario Institucional (PRI), con organizaciones no gubernamentales y con académicos.

La delegación presentó los siguientes puntos al IFE: a) integrar de inmediato la comisión de especialistas, mencionada en el artículo octavo transitorio del Cofipe; b) incluir mexicanos residentes en Estados Unidos como integrantes de dicho grupo, y c) realizar consultas públicas sobre el voto en Estados Unidos.

Durante la reunión con la delegación, el IFE sólo se comprometió a formar pronto la comisión de especialistas, sin comprometer fecha exacta. En las reuniones con legisladores del PRD y del PRI, recibimos declaraciones de apoyo a nuestra gestión. Los medios de difusión tanto en México como en Estados Unidos cubrieron las actividades de la delegación, antes, durante y después de sus reuniones en México.

Antes de regresar a Estados Unidos, la delegación junto con académicos y organizaciones no gubernamentales presentes en la reunión de balance, decidieron integrar la Coalición de Mexicanos en el Exterior Nuestro Voto en el 2000.

La coalición envió una segunda delegación a México con motivo de la entrada en vigor de la ley de *doble nacionalidad* (21 de marzo). En esa ocasión se reunió informalmente con el IFE, volvió a reunirse con dirigentes y legisladores del PRD y, por primera vez, con los del Partido Acción Nacional (PAN).

El propósito de esa visita a México fue aprovechar la importancia de la fecha para atraer la atención de los medios hacia el voto de los mexicanos en el extranjero. Además, la coalición había preparado también una propuesta de Punto de Acuerdo legislativo para que la Cámara de Diputados integrara una comisión especial para darle seguimiento al voto de los mexicanos en el extranjero. La delegación fue a cabildear la aprobación de ese proyecto de punto de acuerdo.

Al igual que la primera, la segunda delegación fue un éxito. Llamó la atención de los medios y obtuvo respaldos importantes del PAN y del PRD para su propuesta de Punto de Acuerdo. Esta propuesta la corrigieron los legisladores que la adoptaron y la presentaron y aprobaron en la plenaria de la Cámara de Diputados el 31 de marzo con el apoyo de 97 diputados de los cinco partidos presentes. La propuesta incluyó una invitación de la Cámara al IFE y a la Secretaría de Gobernación para que comparecieran en la Cámara e informaran de lo hecho sobre el voto de los mexicanos en el extranjero.

El 29 de abril sesionó el Consejo General del IFE, y uno de los puntos de su orden del día fue la discusión acerca de la integración de la comisión de especialistas. Por unanimidad se aprobó su formación, los nombres de sus integrantes y la fecha de su instalación formal. La comisión de especialistas se instaló formalmente el 12 de mayo y a partir de ese día se le asignó un plazo máximo de seis meses para presentar los resultados de sus estudio sobre cuáles serían los mejores mecanismos para el voto de los mexicanos en el extranjero.

En la misma sesión del 29 de abril, José Woldenberg, presidente del IFE, informó que la Secretaría de Gobernación le había comunicado que el Registro Nacional Ciudadano (Renaci), mencionado en el octavo transitorio del Cofipe, no estaría listo antes de las elecciones del año 2000.

En mayo comparecieron ante la Cámara tanto el IFE como la Secretaría de Gobernación; ahí parecen coincidir todos en que la existencia del Renaci es la condición previa para que se dé el voto en el extranjero.

El hecho de que la Secretaría de Gobernación haya admitido oficialmente que no tendrá listo el Renaci es muy importante, porque en una lectura restriccionista del octavo transitorio del Cofipe, se entendería que si no hay Renaci no puede haber voto en el extranjero. Esta, por ejemplo, era la posición original del presidente del IFE. Otra lectura del mismo artículo octavo transitorio sostiene que si no existe el medio (o sea el Renaci) para obtener un fin (el voto en el extranjero), esto no debe cancelar el fin sino remplazar o modificar el medio; ésta es la lectura del consejero del IFE Juan Molinar Horcasitas, entre otros.

Para concluir, es necesario precisar que, aunque no lo parezca, lo que ahora está a discusión no es si los mexicanos en el extranjero tienen derecho a votar o no; eso se supone que quedó resuelto en 1996 cuando se modificó, con apoyo de los cinco partidos, la fracción III del Artículo 36 constitucional. Lo que ahora está a discusión son los mecanismos para ejercer ese derecho. Esos mecanismos supuestamente podrán ser decididos sobre la base del estudio que presente, a más tardar el 12 de noviembre de este año, la comisión de especialistas que integró el IFE. Esos mecanismos para votar deberán establecerse en la ley reglamentaria, por lo cual tendrán que ser llevados para su aprobación al Congreso de la Unión.

Hasta ahora ningún partido en la Legislatura se ha expresado en contra de que el voto de los mexicanos se materialice por primera vez en la próxima elección presidencial del año 2000. Pero hemos percibido que de manera extraoficial son los funcionarios del Poder Ejecutivo quienes han estado haciendo circular sus objeciones. En el pasado, ha sido el PRI el partido que ha objetado el voto de los mexicanos en el extranjero. Por lo tanto, no sabemos cuál será la postura definitiva del partido oficial a la hora de aprobar en la Legislatura la reglamentación para el voto en el 2000.

Por lo pronto, si hubiera alguna fuerza política en contra del voto de los mexicanos en el extranjero para el 2000, parece que no necesita mostrar sus últimas cartas antes de que la comisión de especialistas termine su estudio.

Ponencia presentada en la reunión de Dialogos México-EU, Universidad de California en Santa Clara, 9/11-VII-1998. Publicado en La Jornada, *13-IX-1998.*

¿POR QUÉ QUIEREN VOTAR?

U na de las comunidades de mexicanos que mayor presión ha ejercido para conseguir el voto en el extranjero es la que radica en Chicago, Illinois. Cabildean, establecen contactos, se organizan y con frecuencia realizan viajes a México para entrevistarse con funcionarios del Instituto Federal Electoral (IFE) y otros protagonistas políticos, aunque es evidente su acercamiento a las propuestas electorales del Partido de la Revolución Democrática.

Según el censo de 1990 de Estados Unidos, en ese estado residían 281,651 personas nacidas en México, de las cuales 69,243 han adquirido la naturalización estadunidense. Otras fuentes sin embargo, señalan que sólo en la ciudad de Chicago, hasta 1996, vivía una población de origen mexicano que ascendía a 692,020 personas.

Los pasados 9 y 10 de octubre, American Friends Service Committee y la Universidad de Illinois en Chicago, llevaron a cabo el foro Los mexicanos y el voto sin fronteras con el objetivo de *"examinar cómo hacer realidad el voto en el extranjero para los mexicanos en el año 2000".*

Uno de sus principales promotores y coordinador de la Coalición de Mexicanos en el Exterior Nuestro Voto en el 2000, Raúl Ross Pineda, plasma en esta entrevista los planteamientos de su comunidad respecto del tan debatido sufragio.

—*¿Por qué quieren votar?*

—Queremos votar porque éste es uno de los derechos básicos de todo ciudadano de la república, y nosotros no hemos perdido esa condición; nada ni nadie nos la ha retirado. Estamos cansados de ser tratados como ciudadanos a medias o ciudadanos de segunda o tercera clase; queremos votar porque ésa es nuestra obligación y la manera más civilizada de participar en la vida pública de nuestro país.

—*¿Dónde perciben que están los principales problemas para hacer viable este voto?*

—Creo que, al parecer, el presidente de la república ya se echó para atrás en lo que firmó en 1996. La campaña antivoto en el extranjero ha sido orquestada desde la Secretaría de Gobernación y la Secretaría de Relaciones Exteriores.

En el Partido Revolucionario Institucional (PRI) hay gente que está haciendo cuentas de que en Estados Unidos saldrían perdiendo si hubiera elecciones presidenciales. No todos en el PRI piensan así pero parece ser que es la hipótesis que se está imponiendo.

—*¿Por qué votar por un presidente que no los gobernaría directamente?*

—¿Quién dice que no nos gobernaría? La mayoría de los que estamos aquí vivimos en los dos países; resolvemos problemas en los dos países; mantenemos familias en los dos países; nos asaltan en los dos países y pagamos impuestos en los dos países.

Se habla de siete millones de votantes potenciales que viven en los Estados Unidos, ¿se sabe qué piensan otras comunidades de ejercer el voto?

—No tenemos posibilidades de realizar una encuesta de este tipo. Sin embargo, en el foro que recién organizamos en Chicago participaron, entre otras personas, los siete dirigentes de las federaciones estatales de clubes de oriundos en esta región. Estas organizaciones agrupan a cerca de 50 mil mexicanos del área y se manifestaron a favor del voto de los mexicanos en el extranjero.

—*¿Existe temor de que se desaten redadas contra los indocumentados el día de la jornada electoral?*

—Eso es un viejo invento del doctor Jorge Bustamante (del Colegio de la Frontera Norte) para ponerle un manto de benevolencia a su oposición al voto de los mexicanos en el extranjero. Sólo algunos periodistas se lo han creído. Primero, los indocumentados no son la mayoría, y segundo, no hay ningún antecedente de que eso haya ocurrido durante las elecciones de ninguno de los otros 48 países para los que se vota desde Estados Unidos. Y aunque pudiese ocurrir eso no es una razón para negar un derecho.

—*Se habla mucho de que su voto podría influir en el desenlace electoral de una competencia presidencial muy reñida, como la que se espera en el año 2000, ¿qué se piensa al respecto?*

—Los votos se distribuirían seguramente entre los tres mayores partidos políticos, y si alguno lograra algún margen de ventaja significativo no sería en la dirección diferente al resultado de las elecciones en México. En Estados Unidos no se va a revertir ningún resultado, que básicamente se decidirá en territorio nacional.

—*¿Cuáles fueron las conclusiones de su foro?*

—Que nuestra demanda es válida y que no significa un peligro para la soberanía nacional; que de haber problemas técnicos éstos pueden ser resueltos por los propios ciudadanos; y si hay tanta preocupación por los costos que implicaría montar unas elecciones en el extranjero nosotros podemos colaborar en el financiamiento, así como en su organización.

—*¿Qué harían en el supuesto de que el Congreso de la Unión decidiera posponer la legislación del voto del mexicano en el extranjero para el año 2006?*

—Hasta la fecha hemos estado trabajando en el supuesto de que votaremos en el 2000 y no hemos decidido una estrategia en caso de que eso no ocurra. Estamos siguiendo de cerca a todas y cada una de las fuerzas políticas; en caso de una negativa buscaremos a quién cobrarle la factura. Los mexicanos que viven en el extranjero buscarán a quién cobrarle la factura política. No hay que olvidar que los mexicanos en el extranjero tienen relaciones con sus comunidades de origen, cuentan con organizaciones importantes, manejan recursos económicos, tienen acceso a los medios de difusión y círculos políticos.

Durante mucho tiempo hemos mandado dinero a México, ahora queremos enviar votos. Fíjense bien, queremos enviar votos, no balas y armas.

Entrevista con María Antonieta Barragán
publicada en la revista Expansión, *18-XI-1998.*

¿CUMPLIRÁN CON SU PALABRA ZEDILLO Y LOS PARTIDOS?

E ste lunes 16 de noviembre fue a dado a conocer el *Informe final que presenta la comisión de especialistas que estudia las modalidades del voto de los mexicanos residentes en el extranjero*. Esta comisión se integró en el Instituto Federal Electoral (IFE) el 12 de mayo pasado con trece especialistas en la materia, para estudiar los procedimientos posibles de sufragio de los mexicanos en el extranjero. De esta manera, el IFE y la comisión de especialistas cumplieron ya con lo que el artículo octavo transitorio del Código Federal de Instituciones y Procedimientos Electorales (Cofipe) les ordenó hacer; ahora la pelota está en la cancha del Congreso de la Unión.

En el informe final de la comisión, que consta de 115 páginas con aproximadamente 500 más de anexos, "la Comisión concluyó que es viable llevar a cabo la elección presidencial del año 2000 con la participación de los votantes mexicanos en el exterior, y que para ello es posible acudir a diversas modalidades para la emisión del voto, aquí identificadas, que cumplen con la racionalidad jurídica del sistema electoral mexicano".

Los expertos formulan no sólo un procedimiento para el voto en el extranjero, sino seis diferentes que, combinados entre sí, resultan en 23 fórmulas posibles, que son más que suficientes para que el Congreso de la Unión encuentre guía para dar el paso siguiente, que es reformar el Cofipe.

Las conclusiones del informe incomodaron a opositores del voto de los mexicanos fuera del país; aun antes de que se presentara oficialmente, se apresuraron a tratar de retratarlo como un documento partidista. El interés de los opositores en desacreditar los resultados de la investigación de los expertos se explica porque el estudio dejó sin sustento los principales argumentos con que cobijaron las motivaciones reales de su oposición.

Queda claro que los "problemas logísticos" tienen más que una solución. Queda claro que el IFE sí tiene la capacidad para organizar en el extranjero las elecciones presidenciales del año 2000 y que lo único que necesita es que los legisladores le den el marco jurídico y el presupuesto. Queda claro que el costo de esas elecciones no es de mil millones de dólares, como especuló el secretario de gobernación; lo cierto es que de acuerdo con el estudio, la versión más costosa sería de sólo un tercio de esa cifra, y la menor, 13 veces inferior a lo dicho por Francisco Labastida Ochoa.

Es previsible que los principales opositores al voto no cambiarán su postura a partir del estudio que demuestra la viabilidad del sufragio de los conacionales en el extranjero, porque lo cierto es que su resistencia no se deriva de las dificultades reales o inventadas que le atribuyen a este tipo de sufragio. Para ellos, el problema real es el miedo que tienen de que los resultados desfavorezcan al partido en el gobierno. De ahí, la coincidencia de que los principales voceros de opiniones contra el voto sean, a su vez, personajes vinculados al Poder Ejecutivo.

Hasta 1996 se sostenía que el obstáculo para que se realizaran comicios fuera del territorio mexicanos se encontraba en la Constitución, que supuestamente no permitía a los electores votar fuera de su distrito electoral: la Carta Magna se reformó para salvar ese obstáculo. Hasta el viernes pasado se afirmaba que las dificultades eran *técnicas, logísticas, ecónomicas*: la comisión de especialistas les encontró soluciones viables. ¿Ahora, qué?

Si el Congreso de la Unión se negara a reglamentar el voto de los mexicanos fuera del país por el miedo del partido oficial a no ganar las elecciones en Estados Unidos, entonces, en esa lógica, el Congreso deberá prepararse también para prohibir el voto en los estados de la república donde la oposición tiene posibilidades de ganar.

Si el presidente Ernesto Zedillo y los cuatro partidos que en 1996 pactaron por escrito legislar para que los mexicanos pudieran votar en el extranjero no van a cumplir con lo que firmaron, ¿dónde quedará la honorabilidad de los firmantes?

Publicado en La Jornada *, 18-XI-1998.*

NUMERALIA

1. Personas de ascendencia mexicana nacidas en EU (1996): **11 millones**.

2. Personas nacidas en México con residencia en EU (1996): **7.0-7.3 millones.**

3. Personas nacidas en México con residencia no autorizada en EU (1996): **2.3-2.4 millones.**

4. Personas nacidas en México con residencia autorizada en EU (1996): **4.7-4.9 millones**.

5. Personas nacidas en México naturalizadas de EU (1996): **medio millón.**

6. Migrantes nacidos en México como porcentaje de la población de EU (1996): **3 por ciento.**

7. Migrantes nacidos en México como porcentaje de la población de México (1996): **8 por ciento.**

8. Flujo neto anual de migrantes mexicanos hacia EU: **277-315 mil.**

9. Porcentaje de mexicanos en el extranjero que se encuentran en EU: **98.7 por ciento.**

10. Funcionarios del Servicio Exterior Mexicano que residen en EU: **420.**

11. Turistas mexicanos que se hallarían en el extranjero el día de las elecciones presidencianes del año 2000: **383 mil.**

12. Mexicanos naturalizados estadunidenses e hijos de mexicanos nacidos en EU, con derecho a reclamar doble nacionalidad en el 2000: **3.701 millones.**

13. Mexicanos que en agosto de 1998 habían obtenido el certificado de doble nacionalidad: **2 mil 572.**

14. Máximo de casillas que se necesitarían para recibir en EU el voto de los mexicanos en el año 2000: **9 mil 141.**

15. Porcentaje de migrantes mexicanos que expresó su deseo de votar en las elecciones mexicanas del año 2000, si éstas se llevaran a cabo en EU: **83 por ciento.**

16. Migrantes en EU que cuentan con credencial de elector expedida en México: **1.3-1.5 millones.**

17. Cantidad de diferentes modalidades básicas y derivaciones que se pueden emplear para recibir el voto de los mexicanos en el extranjero: **23**

18. Leyes mexicanas que requerirían de una aplicación extraterritorial al celebrarse las elecciones de los mexicanos en el extranjero: **14.**

19. Costo máximo de las elecciones mexicanas en el extranjero según la comisión de especialistas del IFE: **356.4 millones de dólares.**

20. Costo mínimo de las elecciones mexicanas en el extranjero según la comisión de especialistas del IFE: **76.1 millones de dólares.**

21. Costo de las elecciones mexicanas en el extranjero según el secretario de gobernación Francisco Labastida Ochoa: **mil millones de dólares.**

22. Remesas a México de inmigrantes mexicanos en EU: **6 mil millones de dólares.**

Fuentes: 1-8, Informe del estudio binacional México-Estados Unidos sobre migración.; *9-20*, Informe de la comisión de especialistas del IFE; *21-22*, La Jornada.

. . . .

1929

Desde esta fecha —según descubrió el investigador Arturo Santamaría— en el periódico *La Opinión*, de Los Angeles, California, ya se pide el derecho a votar desde el extranjero.

Diciembre de 1977

En la legislación electoral de México se incluye el Artículo 125, que dice: "Los ciudadanos mexicanos residentes en el extranjero (...) deberán solicitar su inscripción (en el Registro Nacional de Electores) en la forma y modalidades que acuerde la Comisión Federal Electoral".

1988

Se hacen campañas de propaganda en varias ciudades de Estados Unidos a favor del derecho al votar de los mexicanos en el extranjero.

27 de julio de 1994

Con la firma de más de 10 mil mexicanos, se presenta ante la Comisión Interamericana de Derechos Humanos de la Organización de los Estados Americanos, denuncia colectiva por violación del derecho de voto a los mexicanos que se encuentran fuera del territorio nacional.

21 de agosto de 1994

Se realizan elecciones simbólicas para Presidente de la República Mexicana en los estados de California, Tejas e Illinois, en Estados Unidos.

15 de mayo de 1995

Se incluye en la agenda para la reforma electoral acordada por los cuatro partidos representados en el Congreso y el gobierno de la república, un punto sobre el voto de los mexicanos en el extranjero.

3-28 de julio de 1995

Se presenta en el Foro Nacional de Consulta para la reforma político-electoral organizado por el Instituto Federal Electoral (IFE), la propuesta de reglamentar el derecho al voto de los mexicanos residentes en el extranjero.

15 de abril de 1996

Se difunde un documento con los acuerdos para la reforma electoral alcanzados entre el gobierno y los partidos. En el punto 14 se convino hacer modificaciones legales para "hacer posible el voto de los ciudadanos mexicanos residentes en el extranjero modificando el artículo 36 constitucional y adicionando un artículo transitorio, que establecería que este derecho sólo podría ejercerse para la elección presidencial. La forma de su ejercicio se determinaría en la ley en la materia y estará vinculado a los trabajos del Registro Nacional Ciudadano (Renaci) y la correspondiente expedición de la Cédula de Identidad".

31 de julio de 1996

El Congreso aprueba la reforma la fracción III del Artículo 36 de la Constitución de manera que sea obligación del ciudadano "votar en las elecciones ciudadanas en los términos que señala la ley", y ya no "en el distrito electoral que le corresponda", como decía previamente; posibilitando, de esta manera, el voto de los mexicanos en el extranjero.

22 de noviembre de 1996

Se reforma el Código Federal de Instituciones y Procedimientos Electorales (Cofipe) y en su artículo octavo transitorio, le encarga al Instituto Federal Electoral que haga un estudio para la reglamentación del voto de los mexicanos en el extranjero.

Diciembre de 1996

El Congreso mexicano aprueba una reforma constitucional con la cual se hace posible que los mexicanos que adopten una ciudadanía distinta puedan retener su nacionalidad mexicana. Esta reforma se conoció popularmente como ley de doble nacionalidad.

30 de junio de 1997

La Secretaría de Gobernación expide el acuerdo mediante el cual da a conocer el programa para el establecimiento del Renaci y la expedición de la cédula de identidad.

20 de febrero de 1998

Una delegación de mexicanos residentes en Estados Unidos se reúne con consejeros del IFE en México. La autoridad electoral se compromete a formar una comisión de especialistas para estudiar los procedimientos con los cuales podrían votar los mexicanos en el extranjero en las elecciones presidenciales del año 2000.

21 de marzo de 1998

Entra en vigor la ley de doble nacionalidad o no pérdida de la nacionalidad mexicana.

31 de marzo de 1998

La Cámara de Diputados aprueba un Punto de Acuerdo, mediante el cual llama a comparecer al IFE y a la Secretaría de Gobernación para que informen sobre los trabajos relacionados con el voto de los mexicanos en el extranjero.

24 de abril de 1998

El IFE recibe un comunicado de la Secretaría de Gobernación en el que ésta le informa que "considera inviable que para el proceso electoral federal del año 2000" se pueda integrar el Renaci.

29 de abril de 1998

El Consejo General del IFE acuerda integrar la comisión de especialistas para estudiar el asunto del voto de los mexicanos en el extranjero.

30 de abril de 1998

El diputado Lázaro Cárdenas Batel introduce en la Cámara de Diputados un proyecto de ley para retirar el Renaci como condición para el voto de los mexicanos en el extranjero.

12 de mayo de 1998

Se instala la comisión de especialistas y se le da un plazo máximo de seis meses para que presente su reporte final.

26 de mayo de 1998

José Woldenberg, presidente del IFE, comparece en la Cámara de Diputados para informar de los avances en materia del voto de los mexicanos en el extranjero.

29-30 de julio de 1998

La Campaña por el Voto Ausente en el 2000 organiza en Sacramento, California, el *Primer foro anual sobre el derecho al voto 2000 en México.*

11-12 de agosto de 1998

El IFE organiza en la ciudad de México el *Seminario internacional sobre el voto de los nacionales en el extranjero.*

2-3 de septiembre de 1998

El IFE organiza en la Ciudad de México la *Conferencia trilateral Canadá-Estados Unidos-México sobre el voto en el extranjero.*

8 de septiembre de 1998

El Senado de la República organiza en Tijuana, BC., el *Foro regional de consulta pública para analizar la factibilidad del voto de mexicanos residentes en el extranjero.*

10-12 de septiembre de 1998

El Consejo Electoral Mexicano del Medio Oeste organiza en Chicago, Illinois, el *Segundo foro nacional sobre el voto de los mexicanos en el extranjero.*

11 de septiembre de 1998

El secretario de gobernación, Francisco Labastida Ochoa, en comparecencia ante la Cámara de Diputados, afirma que el costo de efectuar elecciones presidenciales en el extranjero sería de mil millones de dólares.

9-10 de octubre de 1998

El Comité de Servicio de los Amigos Americanos y la Universidad de Illinois en Chicago organizan en Chicago, Illinois, la conferencia *Los mexicanos y el voto sin fronteras.*

1 de noviembre de 1998

El *Foro de Sao Paulo* reunido en la ciudad de México, se pronuncia a favor del voto de los mexicanos en el extranjero.

11-14 de noviembre de 1998

Varias organizaciones promotoras del voto en el extranjero organizan en la ciudad de México el *Tercer foro internacional sobre el voto de los mexicanos en el extranjero.*

12 de noviembre de 1998

La comisión de especialistas entrega al IFE su informe final donde sostiene que es técnicamente viable el voto de los mexicanos en el extranjero en las elecciones presidenciales del año 2000.

19 de noviembre de 1998

El diputado Rafael Castilla Peniche introduce en la Cámara de Diputados un proyecto de ley para que en el Artículo 35 de la Constitución se inscriba el derecho a voto de los ciudadanos mexicanos residentes en el extranjero.

24-25 de noviembre de 1998

El gobierno estatal de Zacatecas y la Universidad Autónoma de Zacatecas organizan en la ciudad de Zacatecas el *Seminario binacional sobre el voto de los mexicanos en el extranjero.*

5 de diciembre de 1998

Se realiza en Huntington Park, California, foro popular sobre el voto en el 2000.

18 de diciembre de 1998

La diputada Martha Dalia Gastélum introduce en la Cámara de Diputados una proposición de artículo transitorio de la ley de egresos de la federación para incluir en el presupuesto federal los costos de las elecciones mexicanas en el extranjero.

15 de enero del 2000

Se cierra la inscripción de nuevos electores para las elecciones federales de este año.

2 de julio del 2000

Elección de Presidente de la República Mexicana.

APÉNDICE

....

ARTÍCULO OCTAVO TRANSITORIO DEL COFIPE

Durante el primer semestre de 1997, la Secretaría de Gobernación publicará el Acuerdo mediante el cual dará a conocer el Programa para el establecimiento- del Registro Nacional de Ciudadanos y la expedición de la correspondiente Cédula de Identidad Ciudadana, con vistas a su utilización en el proceso electoral federal del año 2000, realizándose en su oportunidad las modificaciones legales necesarias para regular las adecuaciones pertinentes al Registro Federal de Electores.

Si al aplicarse los procedimientos técnicos y administrativos que tiendan al logro del propósito señalado en el párrafo que antecede, se presentaran inconsistencias en la información de los registros civiles del país que impidieran la adecuada expedición o utilización de la Cédula de Identidad Ciudadana en las elecciones federales del año 2000, se harán al efecto los planteamientos de ajuste que se requieran.

Con el propósito de estudiar las modalidades para que los ciudadanos mexicanos residentes en el extranjero puedan ejercer el derecho al sufragio en las elecciones de Presidente de los Estados Unidos Mexicanos, el Consejo General del Instituto Federal Electoral designará una comisión de especialistas en diversas disciplinas relacionadas con la materia electoral, para que realice los estudios conducentes, procediéndose a proponer, en su caso, a las instancias competentes, las reformas legales correspondientes, una vez que se encuentre integrado y en operación el Registro Nacional Ciudadano y se hayan expedido las cédulas de identidad ciudadana.

Texto completo del artículo octavo transitorio del Código Federal de Instituciones y Procedimiento Electorales, entrado en vigor el 22 de noviembre de 1996.

PROPUESTA DE PUNTO DE ACUERDO

CONSIDERANDO

1.- Que la reforma a la fracción III del Artículo 36 constitucional tuvo la intención de reconocer a los ciudadanos mexicanos en el extranjero su derecho a votar en las elecciones presidenciales del año 2000.

2.- Que representantes de los distintos partidos, así como los beneficiarios potenciales, han venido reconociendo que por razones técnicas, el voto de los mexicanos en el extranjero corre el riesgo de que no pueda ejercerse en el año 2000.

3.- Que representantes de los distintos partidos, así como los beneficiarios potenciales, reconocen la necesidad de agilizar la reglamentación del voto en el extranjero.

Proponemos el siguiente

PUNTO DE ACUERDO

Que se autorice a la Comisión de Régimen Interno y Concertación Política a integrar una Comisión Plural que realice los estudios y consultas necesarias para proponer en su caso las reformas legales correspondientes que permitan abordar el problema del voto de los ciudadanos mexicanos en el extranjero y actualizar la legislación en la materia.

Proyecto de punto de acuerdo *propuesto a la Cámara de Diputados por la Coalición de Mexicanos en el Exterior Nuestro Voto en el 2000, 20-III-1998.*

Punto de Acuerdo

Los Diputados que suscribimos, integrantes de los Grupos Parlamentarios del Partido del Trabajo, del Partido Verde Ecologista, del Partido Acción Nacional, del Partido de la Revolución Democrática y del Partido Revolucionario Institucional, hemos considerado las diversas propuestas de los legisladores en relación al voto de los ciudadanos mexicanos residentes en el extranjero, para lo cual proponemos el siguiente

Punto de Acuerdo:

Unico.- Se instruye a las comisiones de Gobernación y Puntos Constitucionales, de Relaciones Exteriores y de Población y Desarrollo, para que actuando unidas y en los términos del Artículo 90 del Reglamento para el Gobierno Interior del Congreso General de los Estados Unidos Mexicanos, inviten al Consejero Presidente del Instituto Federal Electoral y al Director Ejecutivo del Registro Federal de Electores, y convoquen a los Ciudadanos Subsecretario de Población y Servicios Migratorios y Director General del Registro Nacional de Población e Identificación personal, así como a los demás funcionarios del Ejecutivo que por razón de su competencia sea necesario, para efectos de celebrar conferencia para conocer:

1. Los avances que se tengan registrados en el establecimiento del Registro Nacional de Ciudadanos y de la Cédula de Identificación Ciudadana y para evaluar, en su caso, la actualización de la hipótesis a que se refiere el párrafo segundo del Artículo Octavo Transitorio del Decreto por el que se reforma el Código Federal de Instituciones y Procedimientos Electorales, publicado en el Diario Oficial de la Federación el 22 de noviembre de 1996.

2. Los avances que tenga la Comisión de Especialistas del Instituto Federal Electoral, respecto de los estudios conducentes para proponer las reformas legales correspondientes para estudiar las modalidades para que los ciudadanos mexicanos residentes en el extranjero puedan ejercer el derecho al sufragio en el proceso electoral del año 2000.

Presentado y aprobado en la sesión plenaria de la Cámara de Diputados el 31 de marzo de 1998.

Mensaje a los legisladores

Por medio de la presente deseamos comunicarle nuestro agradecimiento por haber apoyado la aprobación del Punto de Acuerdo "en relación al voto de los ciudadanos mexicanos residentes en el extranjero", aprobado en la Cámara de Diputados el pasado 31 de marzo.

Consideramos un paso positivo su iniciativa de llamar a comparecer a la autoridad electoral y a los funcionarios del Poder Ejecutivo vinculados al proceso de reglamentación del voto de los mexicanos en el exterior para las elecciones presidenciales del año 2000.

Pero seguimos viendo con preocupación el riesgo de que entre los vericuetos burocráticos de nuestro país pudiera quedarse perdido, otra vez, el voto de nuestros compatriotas en el extranjero. Usted y nosotros sabemos que en este asunto es necesario dar muchos otros pasos más y con una agilidad mayor a la que hasta ahora ha existido.

Por lo tanto, nos dirigimos a usted para solicitarle de la manera más respetuosa que abogue a nuestro favor cooperando para convocar al menor plazo posible a las comparecencias que tuvieron a bien acordar hace dos semanas. Usted y nosotros también sabemos que el tiempo se está acabando y que el voto de los mexicanos en el extranjero para el 2000, está dependiendo de la agilidad o del *tortuguismo* con que se aborden los trámites pendientes.

Agradecemos de antemano su sensibilidad política y solidaridad y esperamos contar con su voto en la pronta aprobación de la reglamentación respectiva.

Carta a diputados enviada por la Coalición de Mexicanos en el Exterior
Nuestro Voto en el 2000, 15-IV-1998.

Propuesta de Reformas al Cofipe

Con fundamento en lo dispuesto por los artículos 71 fracción II, de la Constitución Política de los Estados Unidos Mexicanos; 55, fracción II, 56 y 60 del Reglamento para el Gobierno Interior del Congreso General de los Estados Unidos Mexicanos, los suscritos diputados firmantes sometemos a la consideración de esta Honorable Asamblea, solicitando se turne a las Comisiones Unidas de Gobernación y Puntos Constitucionales, Población y Desarrollo y Relaciones Exteriores, la siguiente Iniciativa de Decreto que adiciona y reforma diversas disposiciones del Código Federal de Instituciones y Procedimientos Electorales, propuesta que tiene por objeto posibilitar el ejercicio del sufragio de ciudadanos mexicanos que residen en el extranjero, con base en la siguiente:

Exposición de Motivos

Uno de los presupuestos básicos que define a las democracias contemporáneas es la extensión del sufragio popular a todos los ciudadanos con independencia de género, propiedad de bienes, nivel de instrucción o lugar de residencia.

El ejercicio de la ciudadanía es la base de sustentación del poder del Estado ya que otorga la capacidad a quien ostenta dicha categoría jurídica de participar en los asuntos públicos del país: básicamente en el proceso democrático de designación de autoridades públicas y representantes populares, así como en el ejercicio de las atribuciones fundamentales de los órganos del Estado. Ambas prerrogativas se cristalizan a través del voto popular, por lo que no se puede hablar de plena ciudadanía si no se garantiza su ejercicio pleno.

México no es el único país que se encuentra en la revisión del marco legal electoral para introducir la modalidad del sufragio de ciudadanos que residen fuera del territorio nacional. Así, por ejemplo, Chile, Panamá y Honduras están actualmente siguiendo ese proceso, pero el reconocimiento de ese tipo de voto es ya una práctica más o menos extendida en todo el orbe.

Sin embargo, el reconocimiento jurídico para participar en la política mexicana ha sido vulnerado para los ciudadanos mexicanos que residen en el extranjero, documentados e indocumentados, aún cuando la Constitución no señala en ninguno de sus preceptos que la ubicación en territorio nacional sea una condición para el ejercicio de los derechos políticos de los ciudadanos. Ni siquiera se trata de una causal de pérdida de nacionalidad, de ciudadanía o de suspensión de derechos para el ciudadano.

Los mexicanos que por distintas razones, fundamentalmente económicas, se encuentran residiendo fuera del territorio mexicano, no han dejado de pertenecer a la nación mexicana, principio que hoy está considerado incluso en el Plan Nacional de Desarrollo. Esos conciudadanos son y deben ser sujetos a una serie de garantías en la observancia de sus derechos y cumplimiento de sus obligaciones, de entre los cuales el sufragio constituye uno de los principales.

Por otra parte, de acuerdo con el Artículo 133 de la Constitución, el Estado mexicano está comprometido garantizar el ejercicio de los derechos ciudadanos consignados en distintos instrumentos internacionales firmados y ratificados por nuestro gobierno.

En efecto, la Declaración Universal de los Derechos Humanos de 1984 señala en su artículo 21 que "toda persona tiene derecho a participar en el gobierno de su país de manera directa o por sus representantes libremente escogidos". Esa disposición se repite casi textual en los artículos 25 del Pacto Internacional de Derechos Civiles y Políticos, y 23 de la Convención Americana sobre Derechos Humanos. Además, nuestro gobierno ratificó la Convención de Viena sobre el Derecho de los Tratados que dispone en sus artículos 26, 27, 29 y 42.2, que todo Estado parte de un tratado no puede suspender su aplicación, ni invocar derecho interno en contrario una vez que se ha comprometido.

Bajo ese contexto, los derechos humanos, en este caso los políticos, deben ser garantizados por el Estado mediante el establecimiento de los mismos en sus Cartas Fundamentales y leyes secundarias, y mediante la observancia de su aplicación a través de y por sus instituciones.

Es entonces evidente que no existe disyuntiva en el reconocimiento al derecho que tienen los ciudadanos mexicanos para votar fuera del territorio de los Estados Unidos Mexicanos. Atentos a esa premisa, los partidos políticos en el marco de la reforma electoral federal, por unanimidad modificaron la fracción III del artículo 36 de nuestra Carta Magna, con el objeto de eliminar el *candado* que establecía que los mexicanos sólo podían votar "en su distrito electoral", para establecer el texto "en los términos que establezca la ley". Esa ley es el Código Federal de Instituciones y Procedimientos Electorales.

Posteriormente, en la reforma legal al código señalado anteriormente, el Congreso incluyó en el artículo octavo transitorio del artículo primero del decreto por el que se reforman, adicionan y derogan diversas disposiciones del Cofipe, entre otros ordenamientos legales, publicado en el *Diario Oficial de la Federación* del 22 de noviembre de 1996, dos propósitos: el primero tiene que ver con la creación del Registro Nacional de Ciudadanos y la expedición de la Cédula de Identidad Ciudadana; el segundo, con el estudio de las modalidades para que los mexicanos residentes en el extranjero puedan ejercer su voto en las elecciones para Presidente de los Estados Unidos Mexicanos en el año 2000.

Sin embargo, el principal obstáculo para concretar el ejercicio del derecho al voto de los ciudadanos mexicanos que residen en el extranjero en las elecciones presidenciales del año 2000 y las subsecuentes, se encuentra en la redacción del párrafo tercero del artículo octavo transitorio de referencia que señala textualmente:

> Con el propósito de estudiar las modalidades para que los ciudadanos mexicanos residentes en el extranjero puedan ejercer el derecho al sufragio en las elecciones de Presidente de los Estados Unidos Mexicanos, el Consejo General del Instituto Federal Electoral designará una comisión de especialistas en diversas disciplinas relacionadas con la materia electoral, para que realice los estudios conducentes, procediéndose a proponer, en su caso, a las instancias competentes, las reformas legales correspondientes, una vez que se encuentre integrado y en operación el Registro Nacional Ciudadano y se hayan expedido las cédulas de identidad ciudadana.

La primera conclusión que se deriva de este artículo y a la que seguiremos fieles en concordancia con nuestra Carta Magna, es la que se refiere al hecho de que el Instituto Federal Electoral no decide si los ciudadanos mexicanos que residen en el extranjero tienen o no derecho al voto; su misión consiste esencialmente en determinar las iniciativas y propuestas para establecer los mecanismos respectivos para garantizar el ejercicio de ese derecho constitucional.

Sin embargo, en los términos presentes, el citado artículo octavo transitorio establece como condicionante para el ejercicio del sufragio de los mexicanos en el extranjero, que se encuentre integrado y en operación el Registro Nacional de Ciudadanos, y que haya sido expedida la cédula de identificación ciudadana.

Al respecto, los elementos de información con los que contamos nos permiten establecer un diagnóstico lo suficientemente sólido como para ajustarnos al mandato del propio párrafo segundo del artículo de referencia que indica que:

> Si al aplicarse los procedimientos técnicos y administrativos que atiendan al logro del propósito señalado, se presentaran inconsistencias en la información de los registros civiles del país que impidieran la adecuada expedición o utilización de la cédula de identidad ciudadana en las elecciones federales del año 2000, se harán al efecto los planteamientos de ajuste que se requieran.

En esa perspectiva, debemos dejar sentado aquí un reconocimiento a la labor del Instituto Federal Electoral, ya que el día de ayer, 29 de abril de 1998, su Consejo General, en calidad de órgano superior de dirección de ese Instituto, designó a los integrantes de la comisión de especialistas, con el propósito de estudiar las modalidades para que los ciudadanos mexicanos residentes en el extranjero puedan ejercer el derecho al sufragio en la elección de Presidente de los Estados Unidos Mexicanos en el año 2000.

Por su parte, si bien la Secretaría de Gobernación, en cumplimiento del mandato del Cofipe, publicó en el *Diario Oficial de la Federación* el 30 de junio de 1997, el Acuerdo que da a conocer el "Programa para el establecimiento del Registro Nacional de Ciudadanos y la expedición de la correspondiente cédula de identificación ciudadana", hoy sabemos que durante la instalación de la comisión de especialistas, los consejeros electorales informaron ya que la Secretaría de Gobernación "considera inviable que para el proceso electoral del año 2000 ... se pueda integrar un Registro Nacional Ciudadano que garantice condiciones de seguridad, cobertura y confiabilidad"; reconocieron, también citando a la Secretaría de Gobernación, que para esas fechas es inviable que se pueda "expedir una cédula de identidad ciudadana".

Por añadidura, el artículo 41 de nuestra Constitución Política señala que el Instituto Federal Electoral tiene a su cargo las actividades relativas al Padrón Electoral y la Lista Nominal de Electores. De esta suerte, la credencial de elector con fotografía, que posiblemente sería uno de los instrumentos de identificación para el ejercicio del voto en el exterior, sólo puede ser emitida por el Registro Federal de Electores.

Es claro, en consecuencia, que el organismo encargado para establecer cuáles serán los instrumentos electorales para ejercer el voto, cualquiera que sea su modalidad, es el Instituto Federal Electoral.

A mayor abundamiento, resulta políticamente contradictorio que un órgano del Poder Ejecutivo tenga como atribución la expedición de un instrumento electoral, máxime si en los últimos años existe una tendencia mundial de ciudadanización de los órganos encargados de organizar y calificar las elecciones.

Ahora bien, la solución del problema que se abre para hacer técnicamente viable el ejercicio de este derecho será siempre compleja pero no inalcanzable en el horizonte de tiempo planteado. A dicha tarea está abocada desde ayer la comisión de especialistas del IFE.

Sin embargo, es tarea ineludible de este Poder Legislativo eliminar todas las obstrucciones jurídicas que actualmente imponen restricciones al avance de los trabajos de dicha Comisión y a la posterior aplicación de los mecanismos que ésta sugiera. De la misma manera, habremos de dar cabida a una futura iniciativa de ley que adicione y modifique las actuales reglas establecidas por el Cofipe, estableciendo las disposiciones generales para el ejercicio del voto de los ciudadanos mexicanos en el extranjero, así como los criterios de su aplicación e interpretación.

Por lo anterior expuesto, planteamos modificaciones al Código Federal de Instituciones y Procedimientos Electorales, en los siguientes términos:

Del artículo 6 establecido en el Título Segundo, correspondiente a la "Participación de los ciudadanos en las elecciones", en su capítulo primero denominado "De los derechos y obligaciones", proponemos adicionar el numeral 3 para establecer el texto "los ciudadanos residentes en el extranjero podrán ejercer su voto en los términos que lo determine el Consejo General del Instituto Federal Electoral".

Lo anterior obedece a que si bien la Constitución prevé ese derecho, éste no está consignado en la ley secundaria, es decir, en el Código Federal de Instituciones y Procedimientos Electorales, por lo que resulta adecuado ubicarlo en el Capítulo relacionado a los "derechos y obligaciones de los ciudadanos".

Como ya lo señalamos anteriormente, el artículo 41 de nuestro marco constitucional consigna en su fracción III que "la organización de las elecciones federales es una función estatal que se realiza a través de un organismo autónomo público denominado Instituto Federal Electoral" que tendrá a su cargo en forma integral y directa, además de las que le determine la ley, las actividades relativas "al padrón y lista de electores".

Esa atribución también se establece en el artículo 68 del Código Federal de Instituciones y Procedimientos Electorales, al precisar que será el Instituto Federal Electoral "el depositario de la autoridad electoral y responsable del ejercicio de la función estatal de organizar las elecciones".

Con base en lo anterior, corresponde al mismo Instituto "asegurar a los ciudadanos el ejercicio de los derechos político-electorales", de acuerdo con lo dispuesto en el inciso d) del numeral 1 del artículo 69 del mismo código.

Así las cosas, es el Consejo General, conforme lo señala el artículo 73, numeral 1 del ordenamiento citado, "el órgano superior de dirección responsable de vigilar el cumplimiento de las disposiciones constitucionales y legales en materia electoral".

Es por ello que en lo que se refiere al Libro Tercero que dispone la integración del Instituto Federal Electoral, el Título Segundo que habla de los órganos centrales y el Capítulo Segundo, que versa sobre "las atribuciones del Consejo General", proponemos reformar el numeral 2 del artículo 82 con el fin de que el Consejo General "tome las medidas necesarias para que puedan votar los mexicanos que residen en el extranjero".

Asimismo, se propone trasladar el contenido actual del numeral 2 de este artículo al 3.

En lo que toca al Libro Quinto, relacionado éste como "Del proceso electoral", en el Título Tercero que corresponde a "la jornada electoral", y Capítulo Segundo que se refiere a las "votaciones", se plantea acotar el ejercicio del voto de los mexicanos que residen en el extranjero, circunscribiendo ese derecho sólo para la elección de

Presidente de la República, por lo que se propone adicionar el numeral 5 al artículo 223 del multicitado ordenamiento legal.

Por último, se plantea reformar el tercer párrafo del artículo octavo de los transitorios del decreto por el que se reforman y derogan diversos artículos del Código Federal de Instituciones y Procedimientos Electorales, entre otros ordenamientos legales, publicado en el *Diario Oficial de la Federación* el 22 de noviembre de 1996, con el objeto de suprimir la condicionante que establece "una vez que se encuentre integrado y en operación el Registro Nacional Ciudadano y se hayan expedido las cédulas de identidad ciudadana", para extender esa responsabilidad al Consejo General del Instituto Federal Electoral.

Por lo anteriormente expuesto y fundado, se propone la siguiente iniciativa de

Decreto

Mediante el cual se adicionan y reforman diversos artículos del Código Federal de Instituciones y Procedimientos Electorales.

Artículo único.- Se adicionan el numeral 3 del artículo 6, y 5 del artículo 223 del Código Federal de Instituciones y Procedimientos Electorales; se reforma el numeral 2 del artículo 80 del Código Federal de Instituciones y Procedimientos Electorales, por lo que el contenido del texto actual pasa a formar parte del numeral 3; y, se reforma el párrafo tercero del artículo octavo de los transitorios del decreto por el que se reforman y adicionan diversos artículos del Código Federal de Instituciones y Procedimientos Electorales, entre otros ordenamientos legales, publicado en el *Diario Oficial de la Federación* el 22 de noviembre de 1996, para quedar como sigue:

Artículo 6.

1. ...

2. ...

3. Los ciudadanos mexicanos que residen en el extranjero podrán ejercer su voto en los términos que lo determine el Consejo General del Instituto Federal Electoral.

Artículo 82.

1. El Consejo General tiene las siguientes atribuciones:

a) ...

z) ...

2. El Consejo General tomará las medidas necesarias para que puedan votar los ciudadanos mexicanos que residen en el extranjero.

3. El Consejo General, en ocasión de la celebración de los procesos electorales federales, podrá invitar y acordar las bases y criterios en que habrá de atenderse e informar a los visitantes extranjeros que acudan a conocer las modalidades de su desarrollo en cualesquiera de sus etapas.

Artículo 223.

1. ...

2. ...

3. ...

4. ...

5. Los ciudadanos mexicanos que residen en el extranjero sólo podrán votar por Presidente de los Estados Unidos Mexicanos, en los términos que determine el Consejo General.

Artículo octavo transitorio del decreto por el que se reforman y adicionan diversos artículos del Código Federal de Instituciones y Procedimientos Electorales, entre otros ordenamientos legales, publicado en el *Diario Oficial de la Federación* el 22 de noviembre de 1996.

...

...

Con el propósito de apoyar los trabajos para definir los mecanismos o modalidades en que habrán de ejercer su voto los ciudadanos mexicanos residentes en el extranjero en la elección federal a realizarse el año 2000, el Consejo General designará una comisión de especialistas en diversas disciplinas relacionadas con la materia para que realice los estudios conducentes.

Proyecto de ley presentado en la sesión plenaria de la Cámara de Diputados el 30 de abril de 1998 por el diputado Lázaro Cárdenas Batel a nombre del Grupo Parlamentario del Partido de la Revolución Democrática.

ACUERDO DEL PRIMER FORO

Los participantes en el *Primer foro nacional sobre el voto en ausencia de los mexicanos residentes en el extranjero,* el cual se celebró en la ciudad de Sacramento, California, los días 29 y 30 de julio, del presente año, consideramos:

1. Que los mexicanos que residimos en Estados Unidos contribuimos con más de 6 mil millones de dólares anualmente a la economía de México, lo que representa la segunda fuente de divisas para la patria, segunda sólo al petróleo;

2. Que como exiliados económicos, no recibimos ningún beneficio del gobierno mexicano a cambio de tan importante contribución a la economía nacional;

3. Que en virtud del respeto absoluto a los tratados y convenios internacionales que ha firmado y ratificado el Senado de la República Mexicana, tales como la Declaración Universal de los Derechos Humanos, la Declaración Americana de los Derechos y Deberes del Hombre y el Pacto Internacional de Derechos Civiles y Políticos, que aluden al derecho universal al voto;

4. Que de acuerdo a la Constitución Política de los Estados Unidos Mexicanos, Artículos 35, 36 y 38, y al Código Federal de Instituciones y Procedimientos Electorales (Cofipe), artículo 4, se establece que el derecho al voto es una obligación de los

ciudadanos que se ejerce para integrar los órganos del Estado de elección popular;

5. Que la Constitución Política otorga el derecho al sufragio a todos los mexicanos mayores de 18 años;

6. Que las reformas al Cofipe de 1996 habilitan la capacidad constitucional de los mexicanos residentes en el extranjero para ejercer dicho derecho, lo que constituye un logro fundamental que se plasmó en el artículo octavo transitorio del artículo primero del decreto del 22 de noviembre de ese mismo año;

7. Que el 31 de marzo de 1998, 77 diputados federales, representantes de todos los partidos políticos de la LVII Legislatura del Congreso de la Unión, firmaron un punto de acuerdo apoyando la participación de los mexicanos residentes en el extranjero en los comicios presidenciales del año 2000;

8. Que el H. Congreso de la Unión posee facultades constitucionales de última instancia para reformar los ordenamientos jurídicos que conduzcan a la realización de la aspiración de millones de mexicanos residentes en el extranjero de ejercer el sufragio, y;

9. Que al negar a los mexicanos que residen en el extranjero la posibilidad de incidir en la modificación de todas aquellas políticas que los han mantenido marginados económica, política y socialmente, contraviene a los mandatos y el espíritu constitucional, acordamos el siguiente

Resolutivo

Unico.- Los participantes en el *Primer foro nacional sobre el voto en ausencia*, solicitamos al H. Congreso de la Unión reformar los ordenamientos jurídicos necesarios para que los mexicanos que residen en el extranjero, ejerzan su derecho a votar en los comicios presidenciales del año 2000 y el otorgamiento de las partidas presupuestales correspondiente para lograr dicho objetivo, sin el menoscabo de la realización y aplicación de los convenios internacionales que para ese efecto sean necesarios.

1. Pedimos al H. Congreso de la Unión que el tema de la implementación del voto de los mexicanos residentes en el extranjero sea incluido y discutido en la agenda parlamentaria que inicia el 1 de septiembre del presente año.

2. Asimismo, pedimos que el H. Congreso de la Unión instituya las modalidades pertinentes que permitan regular el voto de los mexicanos residentes en el extranjero.

Resolución del Primer foro nacional sobre el voto en ausencia,
organizado por la Campaña Nacional Voto Ausente 2000,
en Sacramento, California, los días 29 y 30 de julio de 1998.

Acuerdo del Segundo Foro

Al H. Congreso de la Unión

Los participantes en el *Segundo foro binacional sobre el voto de los mexicanos en el extranjero*, realizado en la ciudad de Chicago, Illinois, del 10 al 12 de septiembre del presente año, después de un análisis profundo y un diálogo sobre los temas que atañen a la realización del voto de los mexicanos en el extranjero, en el que se discutieron temas como el avance democrático de México, las experiencias electorales de otros países, las propuestas de identificación y registro ciudadano con propósitos electorales, y las modificaciones constitucionales y de las leyes auxiliares necesarias, exponemos a su consideración:

1. Que el voto de los mexicanos en el extranjero es una prioridad para los más de 7 millones de mexicanos residentes en el extranjero, un 99 por ciento de los cuales residimos en Estados Unidos;

2. Que nuestra contribución a la economía nacional, de aproximadamente 6 mil millones de dólares, no puede ni debe ser ignorada;

3. Que el gobierno mexicano no otorga ningún servicio a cambio de esta importante contribución;

4. Que varios funcionarios de la Secretaría de Gobernación y de la Secretaría de Relaciones Exteriores, incluyendo entre ellos al embajador de México ante Estados Unidos, han iniciado una campaña con el propósito expreso de desacreditar el esfuerzo de organizar el voto de los mexicanos desde el extranjero, y con la intención de confundir a la opinión pública;

5. Que existe una oferta abierta, en su mayor parte gratuita, de asistencia logística por parte de organismos internacionales, incluyendo la Organización de las Naciones Unidas, la Organización para el Fomento de la Democracia, y la Junta Electoral de Chicago, para la organización y ejercicio del voto de los mexicanos desde el extranjero;

6. Que el H. Congreso de la Unión debe evaluar la asignación de las partidas presupuestales necesarias para la organización y realización del voto de los mexicanos en el extranjero, durante la sesión parlamentaria que se avecina;

7. Que el artículo octavo transitorio del Código Federal de Instituciones y Procedimientos Electorales representa un obstáculo y una contradicción a la voluntad política que existe para que votemos los mexicanos en el extranjero;

8. Que los participantes, entre ellos varios diputados federales, se comprometieron a título personal a impulsar el proceso de organización y ejercicio del voto de los mexicanos en el extranjero;

9. En base a las consideraciones anteriores, el *Segundo foro sobre el voto de los mexicanos en el extranjero*

RESUELVE:

a) Que la contribución de los mexicanos en el extranjero al proceso de avance de la democracia en México no puede ser negada ni entorpecerse con obstáculos burocráticos;

b) Que las declaraciones *a priori* de los diferentes funcionarios gubernamentales solamente contaminan este proceso y tienden a confundir a la comunidad, negando así la oportunidad a la comisión de especialistas de rendir su dictámen sobre los estudios y las modalidades conducentes a la realización de dicho proceso, y pedimos que esta actitud sea censurada por este Congreso a la mayor brevedad;

c) Que debe aclararse expresamente que los ciudadanos mexicanos que en algún momento obtuvieron otra ciudadanía, de acuerdo en lo planteado por la ley de no pérdida de la nacionalidad mexicana, deben estar también autorizados para votar y ésto no constituirá una violación a la soberanía nacional;

d) Que el voto de los mexicanos en el extranjero está garantizado bajo los preceptos constitucionales mexicanos y convenios internacionales suscritos por el H. Congreso de la Unión;

e) Que es nuestra intención votar en las elecciones del año 2000.

Acuerdo de los participantes del Segundo foro binacional sobre el voto de los mexicanos en el extranjero para el año 2000.
Chicago, Illinois, 12 de septiembre de 1998.

Los mexicanos y el voto sin fronteras

Las notas que siguen tienen por objeto presentar una breve síntesis sobre las principales conclusiones y el punto de acuerdo al que se arribó en la conferencia auspiciada en Chicago por el American Friends Service Committee y la University of Illinois at Chicago. A todos ellos nuestra más sincera gratitud y reconocimiento.

I. Participantes

Senador Eduardo Andrade; Diputada Ma. Guadalupe Sánchez M.; Heriberto Galindo, cónsul general de México en Chicago; Dr. Emilio Zebadúa, consejero del IFE; Jesús Martínez Saldaña, Universidad de Santa Clara, Ca.; Miguel Moctezuma Longoria, Universidad Autónoma de Zacatecas; Arturo Santamaría Gómez, Universidad Autónoma de Sinaloa; Juan Manuel Sandoval, Instituto Nacional de Antropología e Historia; Frank de Avila Luctf, Asociación de Organizaciones Potosinas; Rafael Matías, Club Social Oaxaca; Antonio Morelos, Federación de Clubes de Guerrero; Ascención C. Salinas, Federación de Clubes de Zacatecanos en Illinois; Marcia Soto, Durango Unido en Chicago; Raúl Ross Pineda, American Friends Service Committee en Chicago; Sandra Sánchez, American Friends Service Committee en Iowa; María D. Jiménez, American Friends Service Committee en Texas; Gonzalo Badillo Moreno,

Fundación para la Democracia; Lic. Rafael Mezo, Club de Amigos del PRI en Chicago; Luis E. Pelayo, Concilio Hispano de Bensenville; Ezequiel Banda Sifuentes, Semanario *Nuevo Siglo*; Alejandro Escalona, Semanario *¡Exito!;* Alfonso Hernández, locutor de radio; Jorge Oclander, Semanario *La Raza*; Gerardo Torres, periodista;

II. CONCLUSIONES

Primero: La reforma del Artículo 36 constitucional hace posible el viejo anhelo del ejercicio del derecho al voto por parte de los mexicanos que radican en el extranjero, faltando por discutir y aprobar la forma bajo la cual se ha de implementar dicho derecho. Para el efecto, se precisó que los trabajos que realiza la comisión de especialistas designada por el IFE ya ha dado dos informes y, se espera oficialmente que alrededor del 12 de noviembre rinda el informe final, el cual se concentrará en las formas y experiencias que existen en otras latitudes, señalando en cada caso las ventajas y desventajas de adoptar una u otra modalidad.

Segundo: Las objeciones que esgrimen algunos representantes del Estado mexicano referentes a los costos y la imposibilidad de reglamentar los medios de comunicación que implica la organización y el ejercicio del voto en el extranjero, carecen de veracidad, en tanto se tejen en el vacío, pues aún no concluyen las propuestas específicas de la comisión de especialistas del IFE. Igualmente, carecen de rigurosidad los señalamientos y temores de que el voto de los mexicanos en el extranjero pudieran atentar contra la soberanía nacional. Ejemplos de la adhesión a México de nuestros conacionales se encuentran en documentos de archivo del periodo de Lázaro Cárdenas en donde prueban que los migrantes apoyaron la soberanía nacional al respaldar la expropiación petrolera; uno de los actos de soberanía nacional más importantes del Siglo XX.

Tercero: La participación extraterritorial de los migrantes es ya un hecho. De ello dan cuenta los distintos programas de la Secretaría de Relaciones Exteriores, la Secretaría de Desarrollo Social, el programa *Dos por Uno*, etc. Esta misma participación de los migrantes a través de sus comunidades filiales y clubes prueba su cariño y amor a México, en donde, los colectivos llegan a buscar soluciones ante carencias de servicios como el suministro del agua potable, la electricidad, el drenaje y otras acciones en las cuales se palpa el interés de los conacionales por reafirmar sus raíces en tanto miembros de su comunidad. Si esto no es suficiente, tómese en consideración que distintas investigaciones de campo demuestran además que los migrantes subsidian necesidades familiares como la alimentación, la salud e incluso la educación (*Encuesta Sobre Migración, Remesas y Crecimiento Económico Regional en Zacatecas, 1998*).

Cuarto: Según la Comisión Binacional y el grupo de especialistas del IFE, para el 2000, habrá poco más de siete millones de mexicanos residiendo en el extranjero con derecho a votar en las elecciones federales. Esta cifra por sí misma es importante para comprender que el avance democrático en México pasa necesariamente por reconocer el derecho del voto a los migrantes. Como una prueba palpable de la voluntad que existe de la comunidad mexicana en Estados Unidos de ejercer dicho derecho, en 1994 se llevó a cabo un ejercicio de votación simbólica con una muy buena respuesta.

Quinto: La reciente reforma sobre la no pérdida de la nacionalidad cuando se adquiere otra, no contempla el ejercicio ciudadano. Después de esa reforma, la demanda por el voto ha ido en aumento. Es necesario convocar a los distintos medios masivos de comunicación para que difundan las distintas posiciones que existen al respecto. Sin embargo, son los propios migrantes quienes deben ser escuchados, cosa que hasta ahora no ha sucedido tanto en la prensa como en los distintos foros organizados por distintas dependencias del Estado.

Sexto: Todos los mexicanos, por el hecho de serlo, deben tener la posibilidad de ejercer sus derechos ciudadanos, como el votar y ser votados. No se puede negar, que aún residiendo en el extranjero, los conacionales siguen siendo mexicanos. Sin embargo, hasta ahora, quienes salen de nuestras comunidades de origen en busca del sustento, desde el momento en que cruzan la frontera pierden *de facto* sus derechos ciudadanos en México. Como inmigrantes de reciente arribo, tampoco pueden reclamar derechos ciudadanos, a pesar de pagar contribuciones a Estados Unidos. Aquí no son ciudadanos y allá tampoco. Aquí no tienen derechos políticos porque son emigrantes y en Estados Unidos, a excepción de quienes adquieren la ciudadanía, no tienen derechos por ser extranjeros.

Séptimo: A pesar del trato que los migrantes reciben en ambos países, en el nuestro, contribuyen remitiendo anualmente alrededor de 6 mil millones de dólares, constituyéndose en la tercera fuente de divisas en términos absolutos. Más aún, varias de las entidades del país reciben remesas en cantidades superiores a las aportaciones federales como es el caso de Michoacán, Jalisco, Guanajuato y Zacatecas.

III. PUNTO DE ACUERDO

Con base en las consideraciones anteriores y considerando que Zacatecas es una de las entidades de mayor tradición en la migración internacional y que el gobernador de ese estado, Lic. Ricardo Monreal Avila, manifestó en su misiva un apoyo incondicional a nuestro movimiento en favor del voto migrante, la Coalición de los Mexicanos en el Extranjero Nuestro Voto en el 2000, acordó que la Universidad Autónoma de Zacatecas a través de la Secretaría Académica y la Maestría en Ciencia Política

CONVOQUE A:

Las comisiones de Asuntos Migratorios, Asuntos Fronterizos, Gobernación y Puntos Constitucionales, Población y Desarrollo, Relaciones Exteriores del Senado de la República, las comisiones del Congreso de la Unión relacionadas directamente con el voto de los conacionales en el extranjero como es la Comisión de Asuntos Internacionales y otras, los consejeros del Instituto Federal Electoral, los especialistas que estudian las modalidades del voto, los gobiernos de los estados de Zacatecas, Jalisco, Michoacán y Guanajuato, las organizaciones y ONG's de los migrantes en Estados Unidos, los investigadores tanto de Estados Unidos y México así como los distintos medios de comunicación, a participar en el *Primer seminario sobre el ejercicio del voto en el 2000 de nuestros conacionales que residen en el extranjero.*

Se propuso asimismo que este seminario tuviera lugar a finales de noviembre en la ciudad de Zacatecas. La fecha precisa y las formas de participación serán establecidas por las instancias convocantes, una vez que la comisión de especialistas rinda su informe al Instituto Federal Electoral; de modo que dicho documento sea integrado como material básico de discusión.

Informe sobre la conferencia: Los mexicanos y el voto sin fronteras, *organizada por American Friends Service Committee y la Universidad de Illinois en Chicago, 9 y 10 de octubre, Chicago, Illinois.*

Manifiesto de Chicago

La transición a la democracia en nuestro país es un proceso histórico, que tiene como fin dar cumplimiento a un sistema de vida fundado en el constante mejoramiento económico, social y cultural del pueblo mexicano; es un proceso de construcción política donde la participación de la sociedad es la base y el sustento de la voluntad del gobierno; es un fenómeno de fin de siglo que se presenta en México y otros países del mundo, basado en la búsqueda de los equilibrios de los pueblos y sus gobiernos para vivir dignamente.

Para lograr transitar a la democracia en nuestro país, es necesario el reconocimiento de la lucha histórica de los movimientos sociales, políticos y culturales, que hemos realizado los mexicanos fuera de nuestra fronteras, ya que se enmarcan en la lucha de los derechos universales que todo ciudadano debe tener, sin importar el lugar donde se encuentre. Tal es el caso, de la lucha histórica por la defensa de los derechos políticos y humanos de los migrantes mexicanos; lucha que emprendimos desde hace varias décadas y que se concreta en el derecho al voto, ello, porque consideramos que el ejercicio de nuestra voluntad influir en la transformación de la realidad que nos obligó a salir de nuestro país de origen y contribuir al mejoramiento de nuestras familias que viven en México.

Por lo tanto, ciudadanos mexicanos que vivimos en el extranjero, reunidos en la ciudad de Chicago, Illinois, el día 12 de octubre del presente año,

Consideramos:

- Que el ejercicio del derecho a votar en los comicios presidenciales del año 2000, es un derecho constitucional producto de la reforma política de 1996 y del consenso entre las fuerzas políticas nacionales.

- Que la honorabilidad y credibilidad del presidente constitucional de los Estados Unidos Mexicanos, Dr. Ernesto Zedillo Ponce de León, se pondría en riesgo al no respetar el acuerdo político del que fue testigo de calidad en la firma de la reforma política de 1996.

- Que la aplicación de los artículos 35 y 36 de nuestra Carta Magna, necesitan de la reforma del artículo octavo transitorio del Código Federal de Instituciones y Procedimientos Electorales, con el fin de quitar la condición de votar a través de la Cédula de Identidad Nacional y el Registro Nacional Ciudadano.

- Que la soberanía nacional se fortalece con el ejercicio de la voluntad expresada en el voto de los mexicanos en el extranjero, ya que la soberanía reside esencial y originalmente en el pueblo. Que todo poder público dimana del pueblo y se instituye en beneficio de éste. Y que el pueblo tiene todo el tiempo el inalienable derecho de alterar o modificar la forma de su gobierno.

- Que el perfeccionamiento y ciudadanización de los ordenamientos e instituciones que se encargan de la participación de la sociedad en los procesos de elección popular, es un instrumento imprescindible para la transición a la democracia en nuestro país, ya que el voto expresa esencialmente el ejercicio de la voluntad del pueblo.

- Que los convenios internacionales firmados por México y suscritos por el H. Senado de la República, tales como la Declaración Universal de los Derechos Humanos, la Declaración Americana de los Derechos y Deberes del Hombre y el Pacto de San José, estipulan el derecho al voto como universal; así como, la Convención de Viena sobre el derecho y tratados, que dispone que todo Estado que sea parte de un tratado no puede suspender su aplicación ni invocar derecho interno en contrario una vez que se haya comprometido.

- Que los mexicanos en el extranjero queremos votar en los comicios presidenciales y estamos dispuestos a contribuir técnica, e inclusive económicamente para lograrlo, con el fin de incidir en el desarrollo y mejoramiento de la democracia en México.

- Que el voto de los mexicanos en el extranjero vale y representa lo mismo que el voto de los mexicanos en México.

- Que el Instituto Federal Electoral, tiene la capacidad para organizar la elección en el extranjero, a partir de los comicios presidenciales del año 2000.

- Que los mexicanos que vivimos en el extranjero contribuimos con miles de millones de dólares anualmente y no recibimos de parte del gobierno mexicano, ningún beneficio o derecho a participar en las acciones públicas de nuestro gobierno.

Los abajo firmantes:

ACORDAMOS

Primero: Con fundamento en el artículo octavo de la Constitución Política de los Estados Unidos Mexicanos, le solicitamos respetuosamente al titular del Poder Ejecutivo, Dr. Ernesto Zedillo Ponce de León, responda a las siguientes preguntas:

¿Podrán o no, los ciudadanos mexicanos residentes fuera de México ejercer su derecho al voto, a partir de las elecciones federales del año 2000 y así, cumplir con las obligaciones que la Constitución señala?

¿Hay impedimento constitucional, para que los ciudadanos mexicanos que se encuentran en el extranjero ejerzan su derecho al sufragio?

¿Está de acuerdo con las declaraciones emitidas por los embajadores de México en Estados Unidos y Francia, así como de los cónsules de México en los estados de California y Chicago, en relación al derecho a votar de los mexicanos en el extranjero?

Segundo: Demandamos respetuosamente a las fuerzas políticas representadas en el H. Congreso de la Unión, que manifiesten si están de acuerdo, en reformar el artículo octavo transitorio del Código Federal de Instituciones y Procedimientos Electorales y los ordenamientos jurídicos correspondientes, durante el actual periodo de sesiones, para que los mexicanos que residen en el extranjero puedan ejercer su derecho al sufragio.

Tercero: Solicitamos respetuosamente a las organizaciones sociales mexicanas se sumen a la lucha por el pleno reconocimiento y la defensa del derecho al sufragio de todos los ciudadanos mexicanos que residen en el extranjero.

Manifiesto aprobado el 12 de octubre de 1998 en la ciudad de Chicago por varias organizaciones promotoras del voto de los mexicanos en el extranjero.

Pronunciamiento de la ANAD

La Asociación Nacional de Abogados Democráticos (ANAD), como organización creada y actuante para agrupar a los profesionales del derecho en la defensa de las garantías sociales y políticas del pueblo mexicano, considera que hoy constituye un deber insoslayable de todos quienes se interesen en el desarrollo de la democracia en nuestro país, el pronunciarse en torno al reconocimiento del derecho al voto de los mexicanos que viven en el extranjero.

No se trata de un tema secundario de nuestra legislación electoral. Se trata de más de siete millones de mexicanos que se hallan avecindados en países extranjeros, principalmente en Estados Unidos, que reiteradamente han manifestado su decisión de mantenerse unidos al presente y al futuro de la nación mexicana, y expresado su interés en participar en la vida nacional y aportar a ella, no sólo su importante contribución económica, sino también la influencia de su pensamiento y acción políticas.

A juicio de la ANAD no hay, y no tiene por qué haber existido antes, ningún principio constitucional que se oponga a ese derecho. La Ley Suprema de nuestro país no establece diferencia alguna entre los ciudadanos que viven en nuestro país y los avecindados en el extranjero para el ejercicio del derecho de "votar en las elecciones", "poder ser votado para todos los cargos de elección popular" y "asociarse individual y libremente para tomar parte en forma pacífica en los asuntos políticos del país", y según lo establece el Artículo 35 constitucional. Si antes, determinadas conveniencias políticas permitieron que en el Artículo 36 constitucional existiera un *candado* que establecía que los mexicanos sólo podían votar *en su distrito electoral,* éste fue suprimido al realizarse la reforma electoral federal.

Por tanto, es deber constitucional del Estado mexicano otorgar todas las facilidades, sin limitación alguna de carácter financiero o técnico, para que los mexicanos que viven en el extranjero puedan ejercer libremente sus derechos ciudadanos, específicamente los electorales. Asumiendo parcialmente esa obligación, el Congreso de la Unión determinó, al aprobar, en noviembre de 1996, el artículo octavo transitorio que modifica y adiciona al Cofipe, encargar a una comisión de especialistas "estudiar las modalidades para que los ciudadanos mexicanos residentes en el extranjero puedan ejercer el derecho al sufragio en las elecciones de Presidente de los Estados Unidos Mexicanos" en el año 2000. Dos limitaciones contenía este artículo octavo: a) el mismo planteamiento de que el derecho al sufragio sólo se aceptaba en torno a la elección presidencial; b) la supeditación de ese acuerdo del Congreso a la integración y puesta en operación del Registro Nacional Ciudadano y a la expedición de las "cédulas de identidad ciudadana" (tercer párrafo del artículo octavo). Esta última limitación entraba en contradicción con lo establecido en el párrafo inmediato anterior, en el cual se señalaba que si "se presentaran inconsistencias... que impidieran la adecuada expedición o utilización de la Cédula de Identidad Ciudadana en las elecciones del año 2000 se harán al efecto los planteamientos de ajuste que se requieran".

Con toda razón, las organizaciones de mexicanos en el extranjero han reclamado la supresión del tercer párrafo en la parte que se refiere a la obligatoriedad de existencia y operación del Registro Nacional Ciudadano y la expedición de las cédulas de identidad, toda vez que la Secretaría de Gobernación ha declarado la inviabilidad de que para el proceso del año 2000, "se pueda integrar un Registro Nacional Ciudadano que garantice condiciones de seguridad, cobertura y confiabilidad", y expedirse "una cédula de identidad ciudadana", pues ambas *inviabilidades* impedirían el objetivo de que los ciudadanos mexicanos ejerzan el derecho al sufragio.

Por ello, en la Iniciativa de Decreto "mediante la cual se adicionan y reforman diversos artículos del Código Federal de Instituciones y Procedimientos Electorales", presentada el 30 de abril de 1998 declara en su Exposición de Motivos: "Es tarea ineludible de este Poder Legislativo eliminar todas las obstrucciones jurídicas que actualmente imponen restricciones al avance de los trabajos de dicha Comisión (se refiere a la Comisión de especialistas a la que se refiere el mencionado artículo octavo, comisión que fue integrada por el Consejo General del Instituto Federal Electoral el 29 de abril del año presente), y a la posterior aplicación de los contenidos que ésta sugiera..."

La ANAD considera que es inadmisible que ordenamientos secundarios coarten el derecho pleno de los mexicanos que viven en el extranjero a participar en las elecciones de nuestro país en el año 2000. La situación actual refleja un anacronismo en violenta contradicción con nuestra normatividad constitucional, ya que condena a quienes por alguna causa salgan del país —y en el caso mexicano, el origen fundamental es la supervivencia de millones de conacionales— a la suspensión de sus derechos ciudadanos. Se trata en este caso de que el ejercicio de la soberanía le es cercenado a por lo menos una décima parte de los mexicanos. De esta manera esa amplia porción de mexicanos no tiene derecho a votar, pero tampoco a ser votados ni a participar en los asuntos políticos del país. De esa manera el sistema político despoja a los mexicanos en el extranjero de la capacidad de hacerse representar en los órganos del Estado.

La ANAD estima que es su deber, como organización de profesionales del derecho y como institución defensora de los derechos democráticos del pueblo mexicano, demandar el respeto pleno a los derechos ciudadanos de los mexicanos en el extranjero: a su derecho a votar en las elecciones del año 2000, no sólo por presidente de la república, sino también para elegir a sus representantes directos a la Cámara de Diputados.

La ANAD manifiesta su decisión de elaborar un anteproyecto de iniciativa de reformas a la Constitución Política, que pondrá a disposición de los grupos parlamentarios del Congreso de la Unión, como contribución al propósito de terminar con el oprobio a la soberanía que significa negar a esos millones de mexicanos "el inalienable derecho de alterar o modificar la forma de su gobierno"; de excluirlos de la acción para que *todo poder dimane del pueblo y se instituya para beneficio de éste.*

La ANAD se congratula de que, al asumir este *Pronunciamiento*, exista ya un amplio consenso nacional e internacional en apoyo a la decisión de reconocer y garantizar, con medidas prácticas legislativas, el derecho de los mexicanos en el extranjero a expresar con su voto la voluntad de transitar hacia una vida plenamente democrática. En particular nuestra organización recibe, como contribución altamente significativa, la *Resolución del Octavo Foro de Sao Paulo*, recientemente realizado en esta ciudad, que considera injustificable negar el derecho a la participación electoral de los mexicanos en el extranjero en los comicios del año 2000.

Es este el momento más oportuno y propicio para adoptar las decisiones necesarias. Está probado hasta la saciedad que no hay obstáculo real que impida el ejercicio del sufragio de los 7 millones de compatriotas en los comicios próximos del año 2000. El objetivo rebasa, por mucho, los marcos partidistas, étnicos, profesionales; constituye un principio de soberanía que el Estado mexicano está obligado a respetar y garantizar.

Pronunciamiento de la ANAD, 9-XI-1998.

Del informe de la comisión de especialistas

1.- En virtud de la reforma al Artículo 36 constitucional, publicada en el *Diario Oficial de la Federación* el 22 de agosto de 1996, los mexicanos son titulares del derecho y la obligación de votar, independientemente del lugar en el que se encuentren el día de las elecciones.

2.- Este derecho se podrá ejercer en el extranjero para la elección presidencial del año 2000, una vez que el Congreso de la Unión establezca las reformas legales correspondientes que posibiliten su puesta en práctica.

3.- El Instituto Federal Electoral (IFE) es, según el mismo artículo, la única autoridad encargada de la organización de los procesos electorales federales. En virtud de ello, el Instituto deberá ser la instancia responsable de instrumentar los procedimientos necesarios para que los mexicanos que se encuentran fuera del territorio nacional puedan ejercer su derecho al sufragio.

4.- La organización de las elecciones federales en México se basa en los principios de certeza, legalidad, independencia, imparcialidad y objetividad establecidos en el párrafo tercero del Artículo 41 constitucional.

5.- La traducción de estos principios constitucionales en legislación, instituciones y prácticas electorales ha requerido un largo esfuerzo de concertación entre los partidos políticos y los órganos del poder federal. Encontrar la fórmula para aplicar en el extranjero, los principios constitucionales que hoy norman y dan confianza a la organización de las elecciones en nuestro país, es una tarea compleja que reclama un esfuerzo de concertación equivalente.

6.- Dicha concertación requiere encontrar soluciones, al menos, a tres situaciones problemáticas:

* La ruta para brindar a los participantes la plena garantía de transparencia, ha llevado a un alto grado de complejidad en la ley y en las instituciones electorales vigentes.

* La aplicación y acción extraterritorial de la legislación electoral implica realizar algunos arreglos con instancias en el exterior y desplegar un trabajo logístico nunca antes realizado.

* El electorado potencial que se encuentra fuera del territorio nacional es de considerable magnitud.

7.- Con base en lo anterior, la Comisión procedió a la identificación de las condiciones objetivas y jurídicas para la realización de elecciones fuera del territorio nacional, así como la elaboración y evaluación del rango más amplio posible de modalidades para el ejercicio del voto en el extranjero, las cuales garanticen condiciones aceptables de cobertura, seguridad y equidad del proceso electoral en el exterior, similares a las que prevalecen en el país. Se cuidó particularmente que dichas modalidades respetaran escrupulosamente la confiabilidad del proceso electoral, a fin de preservar los avances que el país ha logrado alcanzar en la materia.

8.- Para ello, la Comisión realizó los estudios jurídicos, internacionales, demográfico, sociológicos, logísticos y técnicos necesarios para lograr este propósito, en virtud del mandato legal que dio origen a sus trabajos.

9.- La Comisión concluyó que es viable llevar a cabo la elección presidencial del año 2000 con la participación de los votantes mexicanos en el exterior y que para ello es posible acudir a diversas modalidades para la emisión del voto, aquí identificadas, que cumplen con la racionalidad jurídica del sistema electoral mexicano.

Sección de Consideraciones Generales *del* Informe final que presenta la comisión de especialistas que estudia las modalidades del voto de los mexicanos residentes en el extranjero, *12-XI-1998.*

APOYO A LA COMISIÓN DE ESPECIALISTAS

Los participantes del *Tercer foro internacional sobre el voto de los mexicanos en el extranjero*, reunidos en la ciudad de México los días 11 al14 de noviembre de 1998, adoptaron las siguientes resoluciones:

Primero: El tercer foro manifiesta su satisfacción ante las conclusiones emitidas por la comisión de especialistas integrada por el Instituto Federal Electoral en torno a la viabilidad del sufragio de los conacionales en el extranjero para las elecciones presidenciales del año 2000 en México.

El terecer foro considera de la mayor importancia esas conclusiones, nutridas de un intenso y responsable trabajo e insertas en el propósito de sugerir los mecanismos que, situados en la ley y en el funcionamiento de los órganos públicos, facilitarían el ejercicio del derecho constitucional del voto de los compatriotas que viven y actúan en naciones diferentes a la nuestra.

El tercer foro agradece a los integrantes de la comisión de especialistas su empeño y dedicación que, sin duda, habrá de contribuir al desarrollo y ampliación de la democracia en Mexico.

Segundo: El tercer foro sabe que la responsabilidad de financiar las elecciones recae en el gobierno mexicano, y que el costo de las elecciones en el extranjero no puede ser usado como argumento para impedir el voto de los mexicanos en el exterior en las elecciones del año 2000. Sin embargo, como un gesto de buena voluntad de los mexicanos en Estados Unidos, el tercer foro solicita al IFE o a la autoridad que corresponda, que abra una cuenta bancaria para en ella depositar donaciones individuales de los mexicanos que estén en condiciones de hacerlo.

Tercero: El tercer foro, en vista de las resistencias del partido oficial, exhorta al Partido Acción Nacional y al Partido de la Revolución Democrática a que de inmediato integren una comisión bipartidista que elabore un proyecto de reglamentación del voto en el extranjero, en el cual quede incluido el mayor universo posible de electores en el extranjero.

Cuarto: El tercer foro hace un llamado a todos los partidos políticos mexicanos para que incorporen a conacionales que viven en el exterior en sus listas de candidatos que presentarán para las elecciones legislativas del año 2000, para de esta manera otorgar voz y voto a los millones de mexicanos que se encuentran en fuera del territorio nacional.

Quinto: El tercer foro solicita a la Asociación Nacional de Abogados Democráticos inicie los preparativos pertinentes para entablar demanda judicial en caso de que el Poder Legislativo no cumpliera con su obligación de reglamentar el voto en el extranjero.

Resoluciones del Tercer foro internacional sobre el voto de los mexicanos en el extranjero, *organizado por el Consejo Electoral Mexicano del Medio Oeste, la Coalición de Mexicanos en el Exterior Nuestro Voto en el 2000, la Campaña por el Voto Ausente en el 2000, y la Fundación para la Democracia, México, 11-14 de noviembre de 1998.*

REFORMA AL 35 CONSTITUCIONAL

El suscrito, con fundamento en lo dispuesto por los artículos 71, fracción II, 72 y 135 de la Constitución Política de los Estados Unidos Mexicanos; 58 de la Ley Orgánica del Congreso General de los Estados Unidos Mexicanos; 54, 55 y demás aplicables del Reglamento para el Gobierno Interior del Congreso General de los Estados Unidos Mexicanos, propone la siguiente adición al Artículo 35, fracción I, de la Constitución General de la República, para reconocer el derecho de voto a los ciudadanos mexicanos residentes en el extranjero.

EXPOSICIÓN DE MOTIVOS

La palabra voto proviene del latín *votum* y ello nos ilustra acerca del origen religioso del término que debía entenderse en el sentido de ofrenda o promesa hecha a los dioses.

El *Diccionario Electoral*, editado por la Comisión Asesora para Elecciones del Instituto Interamericano de Derechos Humanos, nos señala que a través del sufragio, voz derivada del latín *suffragium*, es decir, ayuda o auxilio, los ciudadanos coadyuvan en cuanto miembros del Estado-Comunidad, a la conformación del Estado-Aparato y, en consecuencia, a la integración funcional de toda la sociedad política.

Los Artículos 35 y 36 de nuestra Carta Magna establecen que el voto es un derecho y una obligación: es un derecho porque conlleva el ejercicio de una forma de libertad y es una obligación porque constituye asimismo una forma de integrar la voluntad colectiva y por ello es una expresión de la soberanía popular.

El voto, como señala Carlos Fayt, es una determinación de voluntad que comprende otras esferas más allá del sufragio político. Se vota en las asambleas legislativas, en los tribunales colegiados, en los consejos directivos y en el seno de los órganos de dirección y deliberación de todo tipo de instituciones públicas o privadas.

El sufragio es pues un instrumento de cohesión social; es vía por medio de la cual una comunidad política se expresa, actúa y aún se conserva.

El sufragio es, en resumen, el derecho político que los ciudadanos tienen a participar en los asuntos públicos de su país, directamente o por medio de representantes libremente elegidos. Se trata de un derecho público subjetivo de naturaleza política.

El 15 de abril de 1996, en el marco de lo que se dio en llamar *reforma política definitiva*, el gobierno federal y los Partidos Revolucionario Institucional, Acción Nacional, de la Revolución Democrática y del Trabajo, dieron a conocer al pueblo de México los acuerdos y conclusiones a las cuales habían llegado en materia electoral.

En el numeral 14 del documento se estableció el propósito de:

> Hacer posible el voto de los ciudadanos mexicanos residentes en el extranjero modificando el artículo 36 (constitucional) y adicionando un artículo transitorio que establecería que este derecho sólo podría ejercerse para la elección presidencial. La forma de su ejercicio se determinaría en la ley de la materia y estará vinculado a los trabajos del Registro Nacional Ciudadano, y la correspondiente expedición de la Cédula de Identidad.

El señalado Artículo 36, en su fracción III, establecía entre las obligaciones de los ciudadanos mexicanos la de "votar en las elecciones federales en el distrito electoral que le corresponda".

Como resultado del acuerdo político ya mencionado se reformó dicha fracción para quedar como actualmente se encuentra: "votar en las elecciones federales en los términos que señale la ley".

Al suprimir el obstáculo territorial que sin duda constituía el requisito de tener que votar en el distrito electoral que correspondiera al elector, se hizo virtualmente posible —y así lo reconocen inclusive destacados opositores a la extensión del sufragio más allá de nuestras fronteras— el voto de los ciudadanos mexicanos residentes en el exterior, como también el de residentes en México fuera de su distrito electoral, o el de los turistas mexicanos, o el de todo aquel que se encuentre en tránsito fuera del país el día de la elección presidencial.

Sin embargo, en el texto de nuestra Carta Magna no se hizo, como no se hace hasta la presente fecha, señalamiento alguno respecto de que sí existe la posibilidad de ese tipo de voto, por lo que no es exacto sostener que actualmente nuestra Carta Magna reconozca el derecho de voto de nuestros conacionales residentes en el extranjero como una garantía individual de carácter político.

Para que esto sea así, es indispensable que nuestra ley fundamental, nuestra norma de normas, expresamente lo señale, como en los casos de las Repúblicas de Colombia, Perú y Portugal y los Reinos de España, Holanda y Suecia.

En nuestro país ha comenzado a darse un gran debate nacional respecto de esta posible extensión del sufragio. En este sentido, no faltan voces que se alzan en contra de dicho sufragio argumentando que el mismo constituiría un grave atentado contra nuestra soberanía;

que dicho voto podría darse de forma irresponsable dada la lejanía de los residentes en el extranjero y su supuesto desconocimiento de la realidad nacional y que, asimismo, no sufrirían las consecuencias de su voto; que los mexicanos ausentes del país, dado su número significativo, podrían decidir la elección presidencial; que no podrán eludir las posibles manipulaciones de los medios masivos de comunicación, en especial en los Estados Unidos, los cuales —según afirman— muchas veces se encuentran ligados a grupos de interés económico o a caciques, *bosses* o jefes políticos regionales, con marcados sentimientos discriminatorios hacia México y los mexicanos; y que hoy, cuando por fin parece haber sido superada la etapa de las desconfianzas en el sistema electoral, estas podrían trasladarse a la votación en el exterior, manchándose así las elecciones presidenciales mexicanas.

Para dar respuesta a estos posicionamientos en contra de lo que para nosotros constituye un derecho esencial de todo ciudadano mexicano, cualquiera que sea el lugar de su domicilio o donde se encuentre, nos permitimos parafrasear a un destacado politólogo nacional y señalar que:

> Tal como en su momento se regateó la ciudadanía a los iletrados, a los indígenas o a las mujeres, hay quienes hoy parecen ceder al prejuicio que discrimina a nuestros compatriotas inmigrantes. Muchas cosas se arguyeron en cada una de esas coyunturas, para no dar los pasos que la nobleza y la civilidad exigían, pero no debemos olvidar que en todos esos momentos críticos, sin excepción, las naciones que avanzaron en su desarrollo, fueron las que dieron acceso a la extensión del sufragio a los sectores de su población previamente excluidos.

Porque debemos aprender de la historia universal de la extensión del sufragio, y porque los legisladores no podemos ni siquiera plantearnos la posibilidad de discriminar a nuestros compatriotas en el extranjero, sí debemos por el contrario ser factor decisivo para lograr la extensión del derecho de voto en el extranjero y contribuir al perfeccionamiento de nuestra democracia.

El Congreso de la Unión debe ser inmune a ciertos mensajes temerosos que sobre supuestas injerencias externas se han expresado, siempre que estos sean infundados, aunque vengan bien envueltos en la confortable coraza de una supuesta defensa de la soberanía nacional. La defensa de la soberanía y la autodeterminación son, sin duda, premisas indiscutibles, pero no es cierto que sean incompatibles con la extensión del sufragio a un considerable sector de la población mexicana que hoy en día se encuentra marginado de las decisiones políticas que les afectan, a pesar de que siguen contribuyendo de manera significativa al bienestar de sus familias y a la economía nacional. En todo caso lo que debe hacerse es reforzar la protección de nuestra indeclinable soberanía y nuestra invaluable autodeterminación en las esferas de competencia indicadas y con los instrumentos adecuados, sin escatimar hoy la generosidad del compromiso político y electoral que apenas ayer asumimos con nuestros conciudadanos en el extranjero.

Casi al final de este siglo nuestro país claramente se manifiesta, por múltiples razones, como una sociedad de emigrantes. La subcomisión demográfica de la comisión de especialistas que nombró el Instituto Federal Electoral para analizar el voto en el extranjero calcula que para el año 2000, habrán en Estados Unidos cerca de 8.6 millones de residentes mexicanos, de los cuales el 83 por ciento, unos 7.1 millones, tendrán 18 años o más, la edad indispensable para votar.

Por su parte, el Consejo Nacional de Población reconoce que uno de cada veinte hogares en México recibe ayuda económica de conacionales que viven y trabajan en Estados Unidos, en lo que constituye ya la tercera entrada de divisas más importante para el país y prueba clara de los sólidos vínculos que mantienen día a día con la nación.

Creemos que una democracia que no refleje los fenómenos sobresalientes de su entorno social como lo es el migratorio, será una democracia imperfecta, una democracia a medias.

Por ello nuestra Carta Magna y la Ley de la materia deben dar franco reconocimiento a ese tránsito doloroso, a ese éxodo por necesidad, al que desgraciadamente se ha visto forzada la inmensa mayoría de nuestros compatriotas que hoy se ganan la vida en el extranjero.

Cuando el mexicano por necesidad cruza la frontera y se va, no lo hace deslindándose de todo lo que deja atrás, y muchas veces tiene que dejar aquí a su esposa, a sus hijos y en general a sus seres queridos. Tampoco se lleva su patrimonio, dejando propiedades, bienes muebles e inmuebles que pagan impuestos y contribuyen también a la economía nacional.

Ante el temor de que se den hechos que pongan en entredicho la limpieza de los comicios que se celebren en el exterior, es conveniente recordar que quienes coadyuvarían para la buena marcha del proceso electoral en el extranjero, serían nuestros representantes diplomáticos y consulares, miembros del Servicio Exterior Mexicano, los que en todo tiempo estarían sujetos a la Ley de la materia y a las directrices y supervisión del Instituto Federal Electoral.

Durante su reciente visita a México, el Ministro del Tribunal Superior Electoral de Brasil, Edson Carvalho Vidigal, refiriéndose a la experiencia del voto brasileño en el extranjero señaló:

> Siempre que damos un paso en el derecho electoral, la democracia avanza, es más, se afirma. Donde la democracia se impone, hay garantía para la realización de la justicia y de la paz, los espacios se

abren para el trabajo y no hay más impunidad. El derecho electoral es el primer derecho en la democracia. Sin un derecho electoral no hay democracia y sin democracia los otros derechos no existen.

El derecho de voto no sólo tiene una vertiente individual como derecho fundamental de la persona, sino colectiva y corporativa, ya que se ejerce en cuanto parte del cuerpo electoral como una forma de autogobierno de la actividad política.

Ello determina la universalidad del sufragio y por ende la obligación del Estado de proporcionar a todos los ciudadanos las mayores facilidades posibles para ejercer este derecho.

Este es el fundamento principal para reconocer el derecho de voto de los ausentes del territorio nacional y por ello, exigir el requisito de residencia en el país para poder ejercer el sufragio sería notoriamente injusto, frente a quienes se han visto obligados a desarraigarse físicamente por estrictas razones de supervivencia económica.

Es imprescindible ya que un derecho de rango constitucional fundamental como lo es el del voto, sea garantizado para toda la colectividad nacional que pueda hacer uso de él, incluidos los ausentes del país que manifiesten su deseo de ejercitarlo.

Por ello, debemos procurar por todos los medios posibles hacer realidad el ideal de que todo mexicano que quiera votar, independientemente del sitio donde se encuentre, pueda hacerlo de forma efectiva.

Conceder el voto a los ausentes permitirá consolidar el sistema democrático de la república, fortalecerá el nexo con los compatriotas que se encuentran fuera del país y reafirmará su sentimiento de pertenencia a la patria, que se considera no perdido.

En pocas palabras, respetaremos el derecho al sufragio que tienen quienes continúan siendo ciudadanos mexicanos, al darles la posibilidad de intervenir en la elección de quienes dirigirán los destinos de su país de origen, de designar las autoridades nacionales de un país que sigue siendo el suyo.

Por todas las consideraciones antes expuestas, los suscritos, en uso de las facultades que nos conceden los artículos 71 fracción II, 72 y de conformidad en el Artículo 135 de la Constitución Política de los Estados Unidos Mexicanos, proponemos la siguiente:

Iniciativa de decreto

que adiciona el Artículo 35 fracción I de la Constitución Política de los Estados Unidos Mexicanos

Unico.- Se adiciona el Artículo 35, fracción I, de la Constitución Política de los Estados Unidos Mexicanos, para quedar en los siguientes términos:

Artículo 35.-.............

Fracción I. Votar en las elecciones populares. La Ley reconocerá y el Estado facilitará el ejercicio del derecho de sufragio a los ciudadanos mexicanos que se encuentren fuera del territorio nacional.

Transitorios

Primero- Este decreto entra en vigor al día siguiente de su publicación en el *Diario Oficial de la Federación.*

Proyecto de decreto presentado en la sesión plenaria de la Cámara de Diputados el 17 de noviembre de 1998 por el diputado Rafael Alberto Castilla Peniche del Partido Acción Nacional.

Declaración del Foro de Zacatecas

En la ciudad de Zacatecas, Zac., durante los días 24 y 25 de noviembre de 1998, reunidos en el *Primer seminario binacional sobre el voto de los mexicanos en el extranjero*, migrantes, académicos, investigadores, representantes de clubes, confederaciones y frentes cívicos de mexicanos en el extranjero, y

Considerando que:

Primero: El derecho al ejercicio del voto ha sido una demanda reiterada de los migrantes mexicanos y de sus organizaciones, por lo menos desde 1929, la cual se expresó abiertamente en las campañas presidenciales de 1988 y 1994, y continúa vigente hasta hoy. Dado que se reconoce en las reformas electorales de 1996, concretamente en las modificaciones al Artículo 36 constitucional y al Código Federal de Instituciones y Procedimientos Electorales (Cofipe).

Segundo: Más recientemente, el informe de la comisión de especialistas sobre las modalidades del voto en el extranjero ha comprobado con una amplia base documental y un escrupuloso rigor analítico, la constitucionalidad y viabilidad técnica de esta demanda histórica por el sufragio en el extranjero.

Tercero: La legitimidad de dicha demanda es incuestionable, no sólo por la enorme contribución que nuestros conacionales, a base de inagotables esfuerzos y sacrificios, han hecho a la economía del país, sino porque a través del tiempo, han sabido conservar y fortalecer sus lazos de pertenencia e identidad nacional. La visión tradicional de comunidad y membresía a un Estado-Nación ha sido claramente rebasada ante esta realidad y nos presenta retos y oportunidades para redefinir la nación mexicana. Ante esto, los participantes en el *Foro de Zacatecas sobre el derecho al voto de los migrantes mexicanos*

Declaran:

1. Todos los ciudadanos mexicanos, independientemente del lugar de residencia, tienen el derecho al ejercicio del sufragio en las elecciones federales, según lo estipula la reforma introducida al Artículo 36 de la Constitución Política de los Estados Unidos Mexicanos; reforma constitucional que fue aprobada y suscrita mediante el consenso de todas las fracciones parlamentarias, en 1996, ante la presencia del presidente Ernesto Zedillo Ponce de León.

2. No puede soslayarse que la reforma al Artículo 36 constitucional y su reglamentación tuvieron como principal objetivo favorecer el voto de los migrantes mexicanos en el extranjero; sin embargo, tampoco puede ignorarse que uno de los principales obstáculos para su posible implementación se encuentra en la reglamentación del artículo octavo transitorio del Cofipe, que señala a la Secretaría de Gobernación como la encargada directa de establecer el Registro Nacional Ciudadano y de expedir la cédula de identidad nacional. Para el efecto, el estudio entregado por la comisión de especialistas del IFE, pone en manos del Congreso de la Unión

los elementos técnicos y jurídicos necesarios para promover y en su caso, aprobar, una reforma que remueva el escollo referido.

3. El mismo informe del IFE precisa que la organización de la jornada electoral puede ser factible, sin reducir el nivel de confiabilidad, si respondé y se adecúa a criterios como la ubicación de zonas de alta concentración y elevada dispersión de mexicanos en el extranjero; también señala que es aceptable la independencia del ejercicio del sufragio, respecto de criterios como el estado legal y el tiempo de residencia de los conacionales. Todos estos son aspectos que, de acuerdo con las normas internacionales, México está en condiciones de legislar extraterritorialmente, por tratarse de prácticas que inciden en el rumbo interno del país.

4. No quisiéramos dejar pasar esta oportunidad sin externar nuestro más amplio reconocimiento a los integrantes de la comisión de especialistas del Instituto Federal Electoral, cuyo aporte se constituye en un instrumento fundamental no sólo para hacer realidad el voto de los mexicanos en el exterior, sino para el avance en la transformación democrática de nuestro país.

5. El gobierno de Zacatecas en aras de aprobar las modificaciones legales de extender los derechos políticos de los migrantes zacatecanos, ha manifestado buscar mecanismos para lograr modificaciones en la legislación estatal para avanzar en nuevas formas de representación política local. El Foro de Zacatecas se suma a este esfuerzo, y manifiesta su apoyo a la iniciativa local para buscar que ésta se extienda al resto de la nación, especialmente en aquellos estados de tradición migratoria.

6. El Foro aprueba constituir una comisión permanente que se sume a los esfuerzos de otras organizaciones y personalidades en la lucha por lograr el derecho al voto de los mexicanos en el exte-

rior, y le dé seguimiento al trabajo político y parlamentario para lograr este objetivo. En este sentido, el Frente Indígena Oaxaqueño Binacional, el Frente Cívico Zacatecano y la Federación de Clubes Zacatecanos trabajarán a partir de ahora una propuesta amplia y plural convocando a otras organizaciones de migrantes mexicanos para que se involucren en el trabajo no sólo sobre el derecho al voto de los mexicanos en el exterior, sino sobre otros problemas y asuntos que nos interesan como son: el desarrollo económico de sus regiones de origen y la defensa de los derechos humanos y laborales.

Por último, instamos a los legisladores de todos los partidos representados en el Congreso de la Unión, a que evalúen desprejuiciadamente cada una de las propuestas incluidas en el informe de la comisión de especialistas, para que, en el presente período de sesiones del Congreso de la Unión, emitan la ley reglamentaria correspondiente y asignen al IFE el presupuesto requerido para el cumplimiento de esta trascendental demanda democrática. Sin el ejercicio pleno de los derechos ciudadanos de los migrantes, el proceso de transición a la democracia que vive el país quedaría inconcluso, pues se excluirían *de facto* casi once millones de mexicanos con derecho al voto en el año 2000.

Zacatecas, Zac., 25 de noviembre de 1998.

Firman: Lic. Ricardo Monreal Avila, gobernador constitucional del estado de Zacatecas; Raúl Ross Pineda, Coalición de Mexicanos en el Exterior Nuestro Voto en el 2000; Jesús Martínez Saldaña, Coalición de Mexicanos en el Exterior Nuestro Voto en el 2000; Luis E. Pelayo, Hispanic Council of Bensenville; Alicia Salazar Sierra, Frente Indígena Oaxaqueño

Binacional; Arturo Pimentel Salas, Frente Indígena Oaxaqueño Binacional; Rodolfo Ríos, Frente Cívico Zacatecano, Los Angeles, Ca.; Javier de la Cruz, Frente Cívico Zacatecano, Los Angeles, Ca.; Martha Ofelia Jiménez, Federación de Clubes de Zacatecanos Unidos del Sur de California; Rodolfo García Zamora, Secretario Académico de la Universidad Autónoma de Zacatecas; Raúl Delgado Wise, Coordinador de la Maestría en Ciencia Política de la Universidad Autónoma de Zacatecas; Miguel Moctezuma Longoria, Coordinador de Investigación, Maestría en Ciencia Política de la Universidad Autónoma de Zacatecas; Alfredo Limas Hernández, Universidad de Colima; Lilia Ricardez, Centro Regional de Derechos Humanos Bartolomé Carrasco Briseño AC; Leticia Calderón Chelius, Instituto Mora, D. F.; Luin Goldring, York University, Toronto, Canada; Alejandra Castañeda, University of California, Santa Clara, Ca.; Héctor Romero, Maestría de Relaciones México-EU de la Universidad Autónoma de México; Arturo Santamaría, Universidad Autónoma de Sinaloa; Héctor Rodríguez Ramírez, Universidad Autónoma de Zacatecas; Gonzalo Badillo Moreno, Fundación para la Democracia, Alternativa y Debate.

Resolución del Primer seminario binacional sobre el voto de los mexicanos en el extranjero, *organizado por el gobierno del estado y la Universidad Autónoma de Zacatecas; en la ciudad de Zacatecas, Zac., los días 24 y 25 de noviembre de 1998.*

CARTA A DIPUTADOS

Honorables miembros del Congreso de la Unión:

Ante la imposibilidad de hacerles saber personalmente nuestra forma de pensar a este respecto; y haciendo una breve síntesis de nuestra realidad en los párrafos subsiguientes, suplico su atención a esta misiva, dado que es esta realidad la que nos ha impulsado a concretar con hechos nuestra pertenencia al país que nos vió nacer, a través del ejercicio de nuestro derecho al voto en el año 2000.

Como directora del Proyecto de Derechos de los Inmigrantes, del Comité de Servicio de los Amigos Americanos, he sido instada por la población inmigrante mexicana en el estado de Iowa, para que a través de este comunicado les exprese los puntos de vista que como mexicanos radicados en Estados Unidos tenemos en relación a la viabilidad de ejercer nuestro derecho al voto estando en el extranjero, aclarando que a título personal me suscribo a los mismos. Por tal motivo, primero hago una breve descripción de nuestra realidad como inmigrantes.

La población mexicana en este lugar es de alrededor de 55 mil habitantes. Un gran número trabaja en la industria de procesadoras de carne y otros alimentos, en restaurantes, hotelería y otras áreas de servicios, así como en el campo durante las épocas de cosecha.

La gran mayoría de nosotros, aún tenemos a nuestra familia inmediata o extendida viviendo en México. Las condiciones en las que vivimos y trabajamos en este estado, no son mucho mejores a las de subsistencia que teníamos en nuestro propio país. Sin embargo, toleramos tales condiciones porque las remesas enviadas a nuestros familiares, son significativas e indispensables para sustentar su calidad de vida y evitarles el morirse de hambre o de alguna enfermedad por carecer de tratamiento médico. No es necesario redundar en lo drásticas que son las condiciones actuales de vida en nuestro querido México.

Como inmigrantes latinoamericanos y con una cultura diametralmente distinta a la predominante en Estados Unidos, somos víctimas constantes de discriminación y abuso por parte de oficiales públicos y del ciudadano común. Se nos encarcela sin el proceso legal debido; se nos imponen severas e injustas condenas; se nos despide sin el pago del trabajo devengado; se nos cobran rentas altísimas por viviendas insalubres; se ignoran nuestras lesiones en el sitio de trabajo y se nos niega el tratamiento médico correspondiente. También, se nos imposibilita el acceso a medios de transporte propio y seguro médico o de otros tipos; a menudo, se nos acusa de crímenes que no cometimos por la carencia de intérpretes en las cortes; y se nos separa de nuestras familias.

No recibimos la educación adecuada para nuestros hijos ni apoyo en caso de que terminen participando en actividades delictivas. También se nos impide incluir a todos los familiares que dependen económicamente de nuestros ingresos en la declaración de impuestos, lo cual se traduce en que pagamos impuestos más altos que el ciudadano común. Como se darán cuenta, no estamos aquí porque nos cause placer el ser discriminados ni porque aquí se ganen los dólares con suma facilidad. Estamos aquí porque hemos decidido sacrificar lo poco que pudiéramos tener en México, con el fin de que nuestras familias tengan acceso a una vida digna ya sea aquí o en nuestro propio país a menudo sufriendo el dolor que causan las largas separaciones e incluso la muerte para quienes lo intentan por la vía peligrosa, única alternativa del mexicano indocumentado.

La tristemente célebre frase "no somos de aquí ni de allá" ilustra nuestra realidad; y no porque no nos importe lo que sucede en México o porque hayamos decidido voluntariamente no tener patria; sino porque tanto el gobierno de nuestro país como el de Estados Unidos, han decidido no tomarnos en cuenta en el proceso de decisiones que afectan nuestro destino, ya como mexicanos o como inmigrantes. Les importamos en cuanto a los dólares que producimos aquí o que remitimos allá; somos conscientes de que para ambos gobiernos, representamos simples cifras y estadísticas sin rostro; ninguno de los cuales, acepta responsabilidad alguna por el respeto a nuestra integridad y dignidad humanas. Esto último lo ilustra el hecho de que el gobierno mexicano cierra los ojos cuando supuestos "oficiales" e incluso el ciudadano común aún en territorio nacional se regocijan en percibirnos como "jugosas" víctimas de sus fechorías. En otras palabras, sería más exacto decir que a los migrantes mexicanos "nos joden aquí y nos joden allá" suplicándoles excusen mi florido lenguaje.

Es infame que cualquier gobierno castigue a aquél que va en búsqueda del sustento para su familia y se convierte en emigrado antes que convertirse en miembro del crimen organizado o en parte de las estadísticas de los suicidas. Infame también, es que a los dólares y a las empresas transnacionales éstas últimas sí, sin lealtad a nación o gobierno alguno se les otorgue libre acceso a ambos lados de la frontera, bastándoles oprimir un botón de computadora para poder entrar o salir de cualquier país a placer.

Por lo anterior, solicitamos en primer término y con el debido respeto a los miembros del Senado y de la Cámara de Diputados de nuestro país que consideren en forma seria y cuidadosa nuestra petición de acciones concretas. En segundo lugar, aprovechamos la ocasión para responder a algunas declaraciones un tanto pesimistas e inexactas, hechas por conocidos personajes del ámbito político de nuestro país:

1) Pedimos se autorice una sesión extraordinaria del Congreso de la Unión, en la que se cite a los representantes de las distintas organizaciones de mexicanos en el extranjero para presentar ante los miembros de ambas cámaras nuestra posición. De otra manera, dudamos que los miembros de dicha entidad pudieran contar con información fidedigna y de primera mano para tomar una decisión justa y que responda a la realidad de los aproximadamente 7 millones de votantes potenciales que residimos en el extranjero de forma tal que los comicios presidenciales del año 2000 sean una realidad.

2) Urgimos al Congreso mexicano a que autorice las modalidades y/o proyectos de ley necesarios para que se haga una realidad el voto de los mexicanos en el extranjero en los comicios del año 2000. Esto en el entendido de que contarán para ello con el apoyo logístico y económico de los directamente afectados, con el fin de evitar que bajo la premisa de fondos insuficientes en el presupuesto de egresos del año fiscal correspondiente, no se lleve a cabo el ejercicio de tan importante derecho.

3) Les hacemos saber que nos suscribimos a la *Declaración sobre el ejercicio del voto de los mexicanos en el extranjero*, emitida al

término del *Primer seminario binacional sobre el voto de los mexicanos en el extranjero*, en la ciudad de Zacatecas, México; y que se llevó a cabo los días 24 y 25 del pasado mes de noviembre del presente año.

4) Agradecemos a los representantes de los diversos partidos y miembros del Congreso de la Unión, que han tenido a bien reunirse con inmigrantes mexicanos en los foros llevados a cabo en territorio de Estados Unidos. Creemos que éste ha sido un esfuerzo que señala la clara voluntad política de todos los partidos así como de los miembros del Congreso, por escuchar y representar fielmente la realidad social, económica y política de los emigrados mexicanos ante la ciudadanía y el resto del Congreso mexicano.

5) Deseamos enfatizar que las dudas sobre nuestra lealtad a la patria y la posible *influencia* ejercida por instituciones gubernamentales o privadas extranjeras, con motivos ulteriores y en perjuicio de la soberanía y bienestar nacional, son completamente infundadas. Una de las razones para asegurar esto, es precisamente el hecho de que nuestro esfuerzo porque el Congreso mexicano preste atención a nuestras demandas, ha sido completamente sufragado con nuestros propios recursos sin ingerencia externa alguna. Esfuerzo que indica la búsqueda de una solución justa y apropiada tanto a los problemas que nos afectan como inmigrantes en el extranjero, así como a los problemas que afectan a nuestros familiares que radican en México. Sería ilusorio creer que éstos sean motivos que representen intereses ajenos a la soberanía o bienestar nacional.

6) Se ha dicho también, que es posible que el gobierno estadunidense se niegue a que se hagan campañas políticas de gobiernos extranjeros o incluso comicios, dentro de su territorio. A esto

respondemos que esa declaración también es infundada, dado que se llevan a cabo dichas campañas y comicios con toda regularidad por los ciudadanos de otros países que radican en EU, quienes votan en los comicios de su país aún radicando en el extranjero, práctica a la que están suscritos más de 40 países.

7) Se ha expresado la inviabilidad de sufragar el costo de los comicios en el extranjero, porque el gobierno mexicano carece de los recursos económicos necesarios. En diversas ocasiones, los mexicanos residentes en el extranjero, hemos expresado nuestra firme voluntad de ayudar a financiar dicho esfuerzo, no sólo en lo que respecta a los gastos directos sino también a nuestro compromiso en cuanto a la logística.

8) Algunos se han atrevido a poner en entredicho la madurez política de los mexicanos residentes en el extranjero, para ofrecer un voto informado y no uno guiado por los intereses de algún partido en particular. A esto respondemos que nos hemos visto obligados a madurar en todos sentidos y aún más en el político dadas las circunstancias a las que nos enfrentamos día con día. Nos atrevemos a asegurar, que estamos mejor informados y más comprometidos que nunca, en velar por un brillante futuro para nuestro México y nuestros conacionales. Prueba de ello, ha sido el esfuerzo espontáneo y unido aún entre aquellos que ni siquiera nos conocemos más que de nombre resultado del cual el tema del voto de los mexicanos en el extranjero, se ha mantenido vivo a lo largo de los últimos dos años, tanto en la conciencia nacional como en el propio Congreso mexicano. Ciertamente ésto no se lo debemos a ningún partido ni a ningún gobierno. Ha sido la expresión de un pueblo despatriado por voluntad de fuerzas ajenas a su control, que busca recobrar su sentido de pertenencia legal a

través del ejercicio de su derecho al voto; pues sabemos que en la práctica, pertenecemos. Nuestras remesas diarias, los inflados recibos telefónicos por llamadas de larga distancia así como los medios de transporte y la industria turística binacional, dan prueba de ello.

En nombre de los mexicanos residentes en el estado de Iowa; suplicamos a los miembros de la presente Legislatura, den seguimiento a los proyectos de ley y actividades necesarias para lograr ejercer nuestro derecho al voto en los comicios presidenciales del año 2000. Algunos pensarán que pudieran darse el lujo de ignorar nuestros requerimientos, pero sería demasiado riesgoso el costo político que se pondría en juego, amén de las consecuencias indirectas al mismo.

Estamos comprometidos a continuar trabajando en hacer del ejercicio al voto para los mexicanos residentes en el extranjero una realidad. Quienquiera que determine que se necesitan seis años más para estar *preparados*; arriesga a que el sentido de frustración, desilusión y hasta vergüenza, se ahonde en las conciencias de millones de mexicanos inmigrantes que ejercen mucha influencia entre familiares y amigos que viven en México. No sería sabio subestimar dicha influencia, dado que es gracias al producto de nuestro trabajo que sobreviven la crítica situación de nuestro país. Huelga decir que millones de mexicanos, dentro y fuera de las fronteras, estamos bien concientes de que nuestras míseras condiciones de vida no son sino el resultado de la falta de inversión en programas sociales y de desarrollo económico por parte del gobierno mexicano.

Esperamos que esta misiva llegue a manos de quienes confiamos son mexicanos que están tan comprometidos por el bienestar de nuestro país, tanto como lo estamos nosotros. Me despido deseándoles lo mejor en la importante e histórica tarea que desempeñan. A nombre de aquellos que radicamos allende las fronteras del país más bello y con la gente más noble y generosa que pueblo alguno jamás haya llamado "sus hijos" reciban un abrazo fraterno, así como el deseo de que pasen una armoniosa navidad y tengan un venturoso año nuevo.

Carta a los legisladores mexicanos
enviada por Sandra Sánchez, DesMoines, Iowa,
3-XII-1998.

Declaración del Frente Indígena Oaxaqueño Binacional

El Frente Indígena Oaxaqueño Binacional (FIOB) es una organización internacional que lucha en defensa de los derechos humanos y laborales de los indígenas migrantes oaxaqueños en México y Estados Unidos. También lucha por buscar soluciones a las demandas de nuestras comunidades de origen.

Los representantes del FIOB y nuestras comunidades hemos analizado la situación referente al ejercicio del voto de los mexicanos en el extranjero. Este análisis nos impulsa a reflexionar y manifestarnos públicamente sobre el particular. Afirmamos primero que hacemos nuestra la *Declaración de Zacatecas sobre el ejercicio al voto de los mexicanos en el extranjero*, signada en la ciudad de Zacatecas, Zac., durante los días 24 y 25 de noviembre de 1998 por migrantes, académicos, investigadores, representantes de clubes, confederaciones y frentes cívicos de mexicanos en el extranjero.

Saludamos con alegría la actitud de entendimiento e interés que han mostrado varios líderes políticos de todos los partidos al unirse a nosotros en la exigencia del cumplimiento cabal del derecho al voto de todos los mexicanos que nos encontramos en EU y otros países. El sufragio es un derecho inalienable de todos los ciudadanos pertenecientes a una sociedad democrática. Es más, es un principio que no se debe violar bajo ninguna circunstancia porque sustenta y legitima el contrato social entre ciudadanos y gobernantes en un estado de derecho. Sin la participación libre y directa por medio del voto de todos los ciudanos no se puede hablar de un gobierno legítimo ni mucho menos de democracia. Es por esto que nos alarma la actitud de unos cuantos que se niegan a reconocer este derecho para varios millones de ciudadanos mexicanos y más nos preocupa la indiferencia de muchos otros que no ven la urgencia de hacer todo lo posible para lograr que los más de once millones de mexicanos migrantes que viven en EU ejerzan este derecho inalienable en un país democrático.

Ante esta situación, y considerando que el derecho al ejercicio del voto ha sido una demanda de nosotros los migrantes y nuestras organizaciones y dado que se reconoce en las reformas electorales de 1996 y que recientemente, el informe de la comisión de especialistas sobre las modalidades del voto en el extranjero ha comprobado la constitucionalidad y viabilidad técnica de esta demanda histórica, manifestamos que nuestra demanda debe ser considerada como justa e impostergable.

Ante lo expuesto, el Frente Indígena Oaxaqueño Binacional, sostiene y demanda lo siguiente:

Primero: Que todos los ciudanos mexicanos, independientemente del lugar de residencia, tienen el derecho al ejercicio del sufragio en las elecciones federales, según lo estipula la reforma introducida al Artículo 36 de la Constitución Política; reforma constitucional que fue aprobada y suscrita mediante el consenso de todas las fracciones parlamentarias, en 1996 ante la presencia del presidente Ernesto Zedillo.

Segundo: Ya que la reforma al Artículo 36 constitucional y su reglamentación tuvieron como principal objetivo favorecer el voto de los migrantes mexicanos en el extranjero; y que uno de los principales obstáculos para su posible implementación se encuentra en la reglamentación del artículo octavo transitorio del Código Federal de Instituciones y Procedimientos Electorales, que señala a la Secretaría de Gobernación como la encargada directa de establecer el Registro Nacional Ciudadano y de expedir la Cédula de Identidad Nacional, exigimos que el H. Congreso de la Unión apruebe una reforma que remueva este obstáculo técnico lo más pronto posible para que podamos ejercer el voto en las elecciones presidenciales del año 2000.

Tercero: Que los miembros de el H. Congreso de la Unión tomen en consideración que el informe del Instituto Federal Electoral precisa que la organización de la jornada electoral puede ser factible si responde y se adecúa a criterios como la ubicación de zonas de alta concentración y elevada dispersión de mexicanos en el extranjero; también señala que es aceptable la independencia del ejercicio del sufragio, respecto de criterios como el estado legal y el tiempo de residencia de los mexicanos migrantes.

Cuarto: Instamos a los legisladores de todos los partidos representados en el Congreso de la Unión, a que evalúen desprejuiciadamente cada una de las propuestas incluidas en el informe de la comisión de especialistas, para que en el presente periodo de sesiones emitan la ley reglamentaria correspondiente y asignen al IFE el presupuesto requerido para el cumplimiento de esta demanda democrática.

Sin el ejercicio pleno de los derechos ciudadanos de los migrantes, el proceso de transición a la democracia que vive el país quedaría inconcluso, pues se excluirían *de facto* casi once millones de mexicanos con derecho al voto en el año 2000.

Declaración del Frente Indígena Oaxaqueño Binacional,
difundida el 4 de diciembre de 1998.

Presupuesto para el voto en el extranjero

Con fundamento en el artículo 58 del Reglamento para el Gobierno Interior del Congreso General de los Estados Unidos Mexicanos, los suscritos diputados firmantes sometemos a la consideración de esta Honorable Asamblea, solicitando se turne a las Comisiones de Programación, Presupuesto y Cuenta Pública, la siguiente Proposición de adición de un Artículo Transitorio al Decreto Aprobatorio del Presupuesto de Egresos de la Federación para 1999 y que tiene por objeto posibilitar el ejercicio del sufragio de los ciudadanos mexicanos que residen en el extranjero para las elecciones de Presidente de los Estados Unidos Mexicanos a celebrarse en el año 2000, con base en la siguiente:

Exposición de Motivos

El derecho de los ciudadanos mexicanos a votar en el extranjero quedó establecido en el año 1996, cuando todos los partidos políticos, en el marco de la reforma electoral federal de ese año, por unanimidad modificaron la fracción III del artículo 36 de nuestra Carta Magna, con el objeto de eliminar el *candado* que establecía que los mexicanos sólo podían votar "en su distrito electoral".

Posteriormente, en la reforma legal al Código Federal de Instituciones y Procedimientos Electorales, el Congreso de la Unión incluyó en el artículo octavo transitorio del artículo primero del decreto por el que se reforman, adicionan y derogan diversas disposiciones de dicho código, entre otros ordenamientos legales, el mandato al Consejo General del Instituto Federal Electoral de designar una comisión de especialistas en diversas disciplinas relacionadas con la materia electoral, para realizar los estudios de las modalidades para que los mexicanos residentes en el extranjero puedan ejercer su voto en las elecciones para Presidente de los Estados Unidos Mexicanos en el año 2000, procediéndose a proponer, en su caso, a las instancias competentes, las reformas legales correspondientes.

La primera conclusión que se deriva de ese artículo transitorio y a la que seguiremos fieles en concordancia con nuestra Carta Magna, es que el propósito para el que fue creada y que cubrió la comisión de especialistas que designó el Consejo General del Instituto Federal Electoral, no fue el de establecer si los ciudadanos mexicanos que residen en el extranjero tienen o no derecho al voto; sino, esencialmente, el de determinar las iniciativas y propuestas para establecer los mecanismos respectivos que garanticen el ejercicio de ese derecho constitucional.

Al respecto, el 16 de noviembre del presente año fue presentado ante el Consejo General del IFE el *Informe final de la comisión de especialistas que estudia las modalidades del voto de los mexicanos residentes en el extranjero*, mismo en el que se asienta como conclusión básica que no hay condición jurídica, económica o logística que impida el ejercicio del derecho al voto de los mexicanos residentes en el extranjero, por lo que siempre habrá, en la gama de posibilidades, alguna modalidad que cumpla con la racionalidad jurídica del sistema electoral mexicano y que preserve los avances que el país ha logrado alcanzar en la materia.

Sin embargo, en los términos presentes, el citado artículo octavo transitorio del Cofipe establece como condicionante para el ejercicio del sufragio de los mexicanos en el extranjero, que se encuentre integrado y en operación el Registro Nacional de Ciudadanos, y que haya sido expedida la cédula de identificación ciudadana.

En ese sentido, el propio párrafo segundo del artículo de referencia indica que:

> "Si al aplicarse los procedimientos técnicos y administrativos que atiendan al logro del propósito señalado, se presentaran inconsistencias en la información de los registros civiles del país que impidieran la adecuada expedición o utilización de la cédula de identidad ciudadana en las elecciones federales del año 2000, se harán al efecto los planteamientos de ajuste que se requieran".

Por su parte, si bien la Secretaría de Gobernación, en cumplimiento del mandato del Cofipe, publicó en el *Diario Oficial de la Federación* el 30 de junio de 1997, el Acuerdo que da a conocer el "Programa para el establecimiento del Registro Nacional de Ciudadanos y la expedición de la correspondiente cédula de identificación ciudadana", hoy es un hecho reconocido oficialmente por el Subsecretario de Población y Asuntos Migratorios, Fernando Solís Cámara, y por el Director General del Registro de Población e Identificación Personal, Horacio Bernal, ante las Comisiones de Gobernación y Puntos Constitucionales, Población y Desarrollo y Relaciones Exteriores, en reunión celebrada el 25 de mayo de este año, que se "considera inviable que para el proceso electoral del año 2000 se pueda integrar un Registro Nacional Ciudadano que garantice condiciones de seguridad, cobertura y confiabilidad" y que para esas fechas se pueda "expedir una cédula de identidad ciudadana".

Por añadidura, el Artículo 41 de nuestra Constitución Política señala que el Instituto Federal Electoral tiene a su cargo las actividades relativas al Padrón Electoral y la Lista Nominal de Electores. De esta suerte, la credencial de elector con fotografía, que posiblemente sería uno de los instrumentos de identificación para el ejercicio del voto en el exterior, sólo puede ser emitida por el Registro Federal de Electores.

Bajo esas consideraciones queda establecido fehacientemente que, en los términos establecidos por el artículo octavo transitorio del Cofipe, hemos arribado a la situación que en el mismo se prevé, a saber: que, por una parte, no existen condiciones para "la adecuada expedición o utilización de la cédula de identidad ciudadana en las elecciones federales del año 2000", por lo que habrán de hacerse "al efecto los planteamientos de ajuste que se requieran"; y, por otra parte, que el Consejo General del IFE entregó ya al Congreso el *Informe final de la comisión de especialistas*, mismo en el que se encuentran desarrolladas "las modalidades para que los mexicanos residentes en el extranjero puedan ejercer su voto en las elecciones para Presidente de los Estados Unidos Mexicanos en el año 2000" y las propuestas al mismo Congreso de las reformas legales correspondientes.

Cubiertas estas dos condiciones previstas en el Cofipe y en concordancia con el ordenamiento constitucional establecido en la fracción III del artículo 36, corresponderá al Congreso de la Unión estudiar las conclusiones de dicho informe y elaborar las reformas legales correspondientes para que los mexicanos residentes en el extranjero puedan ejercer su voto en las elecciones para Presidente de los Estados Unidos Mexicanos en el año 2000.

No obstante, persiste la circunstancia de que cualquiera que sea la modalidad que el Congreso considere como la más adecuada y viable en ese horizonte, la misma deberá contar, para hacerse efectiva, con una partida presupuestal para cubrir el costo relativo al registro de electores y emisión del voto y que deberá ejercerse entre el año de 1999 y el año 2000 (el presupuesto programado por la comisión de especialistas para las modalidades básicas, oscila entre los 76,060,458.0 millones de dólares americanos y los 356,373,159.9 millones de dólares americanos).

Sin embargo, considerando que el Congreso, atendiendo al contenido de Constitución, habrá de aprobar en tiempo y forma los ordenamientos jurídicos que reglamenten y ordenen el ejercicio del derecho del voto de los mexicanos residentes en el extranjero en el primer semestre del próximo año, es razonable prever que el Poder Ejecutivo tendrá que asignar una partida presupuestal al Instituto Federal Electoral para que comience de inmediato, so pena de poner en riesgo el ejercicio de un derecho constitucional, los trabajos relativos al registro de votantes en el extranjero y de establecimiento de los mecanismos para la emisión del voto, según haya sido la modalidad adoptada por el Poder Legislativo.

Teniendo en cuenta que la materia en cuestión es de una alta complejidad jurídica y será materia de debate entre los partidos políticos y sus grupos parlamentarios en las cámaras que componen este Congreso hasta quedar plasmada como ley; que la modalidad del voto será decidida por el Congreso, necesariamente durante el primer semestre del próximo año; que la comisión de especialistas estableció un piso presupuestal programado mínimo y un techo máximo para las modalidades básicas consideradas y que del mismo se ejercería —durante los meses que resten en 1999, posteriores a la autorización de las reformas en cuestión—, aproximadamente dos tercios, de acuerdo con la información sobre esa materia contenida en el estudio; y que el presupuesto de la modalidad más baja se ejercería en un 90 por ciento hasta el año 2000, razón por la que quedaría fuera del cálculo a considerar: puede establecerse razonablemente como previsión presupuestaria a asignarse para cubrir los trabajos del IFE en esa materia, independientemente de la modalidad que adopte el Congreso, una cifra equivalente a dos tercios del presupuesto programado considerando la media entre el mínimo y el máximo propuestos por la comisión de especialistas; y en el conocimiento de que, si la modalidad adoptada fuese la de menor presupuesto y cuyo ejercicio se llevaría a cabo en un 90 por ciento, aproximadamente, hasta el año 2000, los fondos no requeridos no podrían ser utilizados por dicho instituto.

Por lo anteriormente expuesto y fundado, se somete a consideración la siguiente:

PROPOSICIÓN

de adición de un Artículo Transitorio al Decreto Aprobatorio del Presupuesto de Egresos de la Federación para 1999 y que tiene por objeto posibilitar el ejercicio del sufragio de ciudadanos mexicanos que residen en el extranjero en la elección de Presidente de los Estados Unidos Mexicanos en el año 2000.

Artículo transitorio.- El Poder Ejecutivo de la Federación, a través de las autoridades hacendarias, asignará una partida adicional de un monto igual al equivalente en pesos de dos tercios del presupuesto programado para las modalidades básicas, considerando la media entre el mínimo y el máximo propuestos por la comisión de especialistas, al Presupuesto del Instituto Federal Electoral correspondiente al ejercicio de 1999, a fin de que el mismo está en condiciones de cubrir las primeras acciones durante los meses que resten de ese año, relativas al ejercicio del voto de los mexicanos residentes en el extranjero en las elecciones de Presidente de los Estados Unidos Mexicanos en el año 2000, y sólo en el caso de que se apruebe el paquete de reformas legales correspondientes.

Dicha partida se reservará como fondo etiquetado en un fideicomiso en el que, de acuerdo con la Ley General de Títulos y Operaciones de Crédito, el Banco de México funja como fiduciario. Dicho fondo sólo podrá liberarse a favor del Instituto Federal Electoral, una vez que el Congreso haya aprobado el paquete de reformas legales relativas al voto de los mexicanos en el extranjero. Entretanto, los intereses acumulados que dicho fondo genere formarán parte adicional de la partida que se asigne a dicho instituto.

En caso de que la modalidad de registro y emisión del voto aprobadas por el Congreso requieran de una partida menor a la establecida, los fondos no aplicables a dicho fin, el voto de los mexicanos en el exterior, no podrán ser liberados a favor del Instituto Federal Electoral y quedarán congelados hasta el fin del ejercicio fiscal, momento en el que se disolverá el fideicomiso creado para tal objeto. De igual forma, en caso de liberarse los recursos a favor del Instituto Federal Electoral, el fideicomiso quedará disuelto.

Propuesta presentada en la sesión plenaria de la Cámara de Diputados el 11 de diciembre de 1998 por la diputada Martha Dalia Gastélum a nombre del Grupo Parlamentario del Partido de la Revolución Democrática.

LOS MEXICANOS y *el voto sin fronteras*, de Raúl Ross Pineda, coeditado por la Universidad Autónoma de Sinaloa, *cemos* y Salsedo Press, se terminó de imprimir en febrero de 1998, en los talleres de la

IMPRENTA UNIVERSITARIA
Ignacio Allende esquina con
Josefa Ortiz de Domínguez,
colonia Gabriel Leyva,
Culiacán Rosales, Sinaloa.

Tiraje: 1 500 ejemplares.